合著｜李偉文
李欣澄（A寶）
李欣恬（B寶）
盧品潔（C寶）
王雲安（D寶）

想，讓你看看我眼中的世界

李偉文教你如何跟孩子聊夢想、挫折、工作與未來

「我對這個科系根本不感興趣，為什麼不能休學重考？」

「明明我就已經成年了，為什麼還要管這麼多！」

父母和子女真的只能像兩條平行線，他說的你不想懂，你說的他不瞭解嗎？
被孩子暱稱為「偉文兄」的李偉文，
要帶著「大人們」一起去瞭解年輕人到底在想些什麼？
他們的思維到底跟大人們有什麼不一樣！

CONTENTS

第1篇 從求學到就業，未知的夢想與現實

ABCD寶 讓你看看我們的世界

偉文兒 告訴父母與孩子的真心話

第2篇

親情、友情、愛情，關係裡的改變與進化

ABCD寶
讓你看看我們的世界

偉文兄
告訴父母與孩子的真心話

CONTENTS

第3篇

用開放的心面對挫折，樂觀的態度處理失意

ABCD寶 讓你看看我們的世界

偉文兄 告訴父母與孩子的真心話

第4篇

在生活中學習，從學習中成長

ABCD寶
讓你看看我們的世界

偉文兄
告訴父母與孩子的真心話

A寶

李欣澄

李偉文醫師的雙胞胎大女兒，念的是傳播，在說故事這條路上努力著。近期在實踐這句話：「不愧對自己的幸運的唯一方法，就是盡全力做我能做的。」

B寶

李欣恬

李偉文醫師的雙胞胎小女兒，不喜歡自我介紹，喜歡真真實實的去認識一個人。不喜歡在一個地方待太久，喜歡轉換地平線與邏輯思維。初進白色巨塔當路障，在病房與病房間飄移，採集故事，也採集醫療無法解決的生命困境。

C寶

盧品潔

香港大學會計金融雙主修，現在外商公司擔任打工仔，從小受虎媽教育，但依然健壯成長。堅持己願闖蕩險惡資本市場，未圓母願從醫。個人特殊榮譽為當選「笑」親楷模。

D寶

王雲安

從小在瘋爸野媽的放任教育下練就一身野性，喜歡到處冒險。大學休學赴比利時打工度假，獨自在歐洲打滾一圈後，還是最愛台灣。即將進入教育相關研究所就讀，天真地懷有教育夢，相信教育是用生命豐富生命。

推薦序

一輩子的知己

荒野保護協會親子團第七屆總團長／萍蓬草（石曉華）

聽過或看過可愛的左左右右雙胞胎的爸爸媽媽應該不少吧！但早在十多年前，拜李偉文醫師高居排行榜前十名久久不墜的暢銷書《教養可以這麼浪漫》所賜，台灣關心（苦惱）於親子教養的家長們，最熟悉又最關注的雙胞胎該是AB寶了吧！偉文和他的太太蘊慧對AB寶的教養方式，以及在孩子成長過程中發揮的創意及奉行的原則，都引起廣大回響、歆羨和追隨。

在這樣浪漫又理想的教養方式下長大的AB寶，長大後的動向、喜好的生活觀和價值觀，也同樣讓讀者們充滿期待與好奇。商周出版的這本新書很厲害的收錄了李偉文醫師、A寶、B寶，更邀請了AB寶情同姊妹的好朋友C寶和D寶來一起分享屬於他們的心情故事。

ABCD寶是在小學三、四年級階段，參加荒野保護協會親子團而成為好朋友。荒野親子團是一個由荒野保護協會的志工會員及其子女，每個月固定一次以團集會型態，由家長分工合作的易子而教，以生態生活和生命教育為主要內涵的共學團體。在這樣的團體中，得以認識一群有著相似且欣賞的生活方式和價值觀的家庭，孩子們在團體中的友誼也得以延伸，讓一家人都成為彼此的好朋友。

另一方面，以目前家庭型態多屬於雙薪家庭結構，到了放寒暑假，孩童的安置也讓上班的爸媽傷透腦筋，而透過這樣的特殊情誼，讓彼此可以利用寒暑假輪流到對方家中生活做彼此的家人，這一邊是多了幾雙筷子吃飯和一起作息，另一邊則是爸媽得以享有短暫的「喘息照顧」般的寒暑假，現在看來正和循環經濟中的資源共享精神有異曲同工之妙，也讓彼此對於寒暑假的滿足感提高不少，而這類似部落共同教養育兒的智慧，早在很久很久以前，我們的老祖宗就是這樣的運用著。

荒野親子團夥伴就像是「一群沒有血緣關係的家人」，無論是先來後到，常以家人來看待彼此，並將所有的相遇視為久別重逢。在團體中，孩子們會藉由與大自然做朋友等活動設計來覺察自我，探索人我與環境間的互動，夥伴們間建立起深厚的互助及信賴感，在這樣愛與信任氛圍環繞下的四位女孩在離團之後，依然維持著無話不談彼此分享的親密連結。

長大後的女孩兒們，如今雖各自在不同的專業領域裡發揮所長，新聞、醫學、商業、教育，看似各有所好，各自單飛著分頭發展獨特的專業和關注，但背後扣合的卻滿滿的是對世界的關懷與溫度。四位好朋友輪流分享心情札記，談關於生活中細微的學習和體悟，面對眾多選擇該如何前進的勇氣與克服恐懼，說說夢想裡深層的關注與熱情，也在一些重要時刻或人生轉彎處在心中迴盪的核心理念與價值觀。這樣的一輩子知己，既單純又坦誠，自在敞開傾訴著屬於相同世代能懂得的脆弱與徬徨，而像個過來人卻又有著理解及接納的李醫師，在每一個篇章後的經典分享和引導，也畫龍點睛客觀地扮演著引路人的角色，讓在迷霧中行走的人兒找到了方向和能量。

這本書極力推薦給勇敢又年輕的你，也曾勇敢又年輕的你，和關心勇敢年輕生命的你。

推薦序

瘋爸野媽的不一樣教養

米蘭畫室藝文創作中心創辦人／王寶菁

Dear安安D寶：

在你成長過程的學習中，我學習了成長。

我原本走在一段面對自己的路（只想當個藝術創作者），自媽咪確認受孕後，我們就一起面對共同學習的路。我們就來淺述那累積眾多的感謝與笑容，雖然很糾結，將呈現我在家中卑微的地位……

「感謝大自然無私的滋養」是媽咪的口頭禪，你與妹妹從小跟著她在山林野放：記得你小二那年，一如往常一家人走進沒有路徑的原始林，穿梭在迷霧漫天的林相裡，初冬時節昏暗濕冷幾近迷路，媽咪感官神奇的能與大自然對話，壓隊的我看著你問：「迷路了害怕嗎？」你彷彿瞭解「山林與海洋無私地對我們表白，歡迎進入柔情的擁抱」，回應了我交託的笑容。那沉澱我的焦慮，雖然經過兩個小時後，才走出迷霧森林。

幼稚園大班時期你是愛閱讀、愛發問的好奇寶寶，當時直潭附幼的家長發起親子共讀，不時在我們家聚會、閱讀、繪畫、講故事、談心情，那是記憶覺察的編織，是人心叢林的印記，你也開始嘗試記錄與繪畫，甚至與妹妹舉辦聯展，邀請全校師生到家中參觀。

因為讀書會而認識、進入易子而教的「荒野親子團」，帶著親子們浮潛、溯溪、淨灘、登百岳、保護濕地，當時不覺得ＡＢＣＤ寶有何特殊互動，直至偉文家過年才發現，四人聚集時，在激動下包容不同論述，聒噪音量中清晰且平實解析，恣情討論不輕狂偏離主題，往往散會後呈現豐盛笑容，並感念著這段煒燁的緣分。

高一時，你們四人一起參加公益旅行，在處理課業之餘到老人院探訪、表演，在台上唱著台語歌、雜耍、扯鈴，失憶的長者緊握你們雙手重複自己青春年華，溶浸在感動的情境。你們開啟良善施予的感謝，串接溫暖純真的笑容，這或許就是ＡＢＣＤ的默契。

當你大一說要休學到比利時當au pair時，我確定你的血液流有藝術家基因。所有冒險家出發前就已經走在探索路上，從不做魯莽的冒險，而你將做足功課的計畫呈現在我們面前，滿懷感謝的敘述因著生命變化性的探索和流動性的喜悅，促使這顆開闊的心勇敢去體驗與享受，即使你有眾多不安，仍展露出堅定笑容。當時在不同國家的你們四人架立了ABCDs Diary，讓你們在漸漸熟悉卻又陌生的他方，能與遠距清淡而溫度不減的朋友一起抒發、相互關懷。

是老天賜予，或如媽咪說你選擇了我們，平日互動時總討論方向和理析觀念，不給標準答案，是更多溝通交談獲得更多分享和認知，你尊重自己的成長，我們也珍惜你不斷地給予。雖然常戲稱清晰在家中生態，不敢逾越位階，其實共同學習就是最單純的父親角色。

時間巨力的旅程中，你們將文采留下了成長點滴的腳步，更將感謝和笑容體悟在每一步的步履中。期待ＡＢＣＤ再蛻變！

害怕著逾越位階的瘋爸

推薦序
不斷晉級的虎媽

松山高中老師／翁雪琴

俗話說「第一個孩子照書養」，我曾經天真地以為養育孩子是一段很簡單、有趣的歷程，只要做好準備，就可以教養出乖巧、懂事、貼心、可愛的孩子。所以本著科學精神，在懷孕的過程中閱讀了許多育兒專業書籍，認真研究嬰幼兒生理、心理發展的學說，心想以我擔任教師的豐富經驗，絕對能勝任媽咪的角色。誰知C寶一出生就徹底顛覆了我想當溫柔好媽咪的美夢，為了跟古靈精怪的她鬥智，只能逐漸演化成虎媽。

她在嬰兒期就是一個磨娘精，不愛吃更不愛睡，但是體能特好，一個半月能翻身，四個月能坐，五個月就能自己拉著嬰兒床的欄杆站起來，八個月能走，整天活潑愛動，號稱「金頂電池」，整慘新手爸媽跟經驗豐富的奶媽。

當時曾特別請教資深兒科醫生，只聽他不以為意地說：「沒關係，拿破崙一天只睡五個小時。」讓我頓時傻眼，當下忽然覺醒，盡信書不如無書，專家學者畢竟是理論派，每個孩子應該都有自己獨特的特質，父母只能細心觀察，見招拆招了。

幼兒期的C寶已經非常有自己的主見，雖然大部分的時間還願意聽話當一個甜美小天使，但是難免有耍性子、頑皮搗蛋的時候，自小口齒伶俐的她，狡辯起來歪理也頗多，難免磨掉我有限的耐性，所以當時我採取最簡單的方法就是「大人不計小人過」。心想如果小小孩還聽不懂人話，那乾脆採取「小狗訓練法」：規則明確、賞罰分明，自此開啟「虎媽戰歌」首部曲。

如此嚴加管教，當然有不良後果。回想起那段時間，還真是讓我感到有點丟臉，因為C寶竟然會跟幼稚園的好朋友偷偷說：「我好想跟你換媽媽喔，你媽媽都不會罵你、打你。」不知情的家長大概會想，這個小孩怎麼這麼可憐！其實大家都被她的天使面孔蒙蔽了。她長大後，某天我們在討論人性本善還是本惡，她忽然一臉賊笑問我記不記得以前家裡有一根小棍子，在她犯錯時打小手心，後來怎麼找也找不到？原來她偷偷帶到幼稚園藏在櫃子裡。還有她早就知道聖誕老公公是我們假扮的，但是為了繼續享有禮物，只好假裝相信，實則看我們耍猴戲，暗爽在心裡。

上小學後是啟動學習的黃金期，經濟學有所謂的計畫經濟，我認為教育同樣也可以有計畫性，於是展開「虎媽戰歌」二部曲：多元探索、按表操課。這段時間我安排各種才藝課程讓C寶嘗試，舉凡畫畫、書法、圍棋、作文、跳舞、彈琴、溜直排輪、游泳、球類運動等等，從中挑選她喜歡的幾項持續學習。

當時我常常曉以大義，還頗自信有做好親子溝通的工作，但是C寶的心情完全反映在學校的一份問卷上，有一題詢問學生覺得自己的父母是屬於哪一類型？（A）專制型（B）民主型（C）放任型，她毫不猶豫就圈選了（A），當場讓我臉上三條線，心想一世英名毀了，但捫心自問確實如此，表面上給她自己選擇，乍看之下是很民主的方式，其中還是有半哄半誘騙的手段，確實動機不純被她看穿。

我的原則很清楚，只要做好選擇就不可以半途而廢，因為小孩的興趣往往是初始覺得新鮮有趣，等到需要專注學習時又覺得太辛苦，很難跨過入門檻，此時就需要父母確實執行嚴格紀律，才能學有所成，享受豐碩成果。

我們家有一張獲獎理由不明、神秘的六年級獎狀「孝親楷模」，至今C寶還常得意洋洋拿來說嘴，其實那真是「美麗的錯誤」。她的叛逆期來得早，在外人面前溫良恭儉讓，在家又是一個樣。坦白說，初期面對親子衝突，尤其是聽到質疑的挑戰語氣，我並不是處理得很好，情緒往往壓過理智，感覺很挫敗。有次我正聚精會神準備演講稿，C寶晃到身旁輕飄飄地丟了幾句話：「何必這麼緊張呢？昨晚你念我可以連續四個小時一句話都不重複，功力高深啊！」如果母女冷戰有排行榜，她絕對可以榮登冠軍！

此時「高壓統治」已經抵抗不了她渴望自由獨立的心靈，所以虎媽三部曲被迫提早上演：你進我退、攻心為上。那段期間，正是為母心態轉換教練成為朋友的契機，我試著以「老花眼」看C寶的「大優點」，特意忽視「小缺點」，逐漸發現這個小野人已經成長為文明人，可以明辨是非、講道理，只要好好溝通，倒也不至於誤觸地雷，母女倆相敬如賓，感情好似朋友般。

但這樣的春秋大夢很快就醒了，有次在飯桌上，C寶評論有些同學真是被寵壞的千金大小姐，看不慣她們對父母態度很惡劣，超愛吵架，正當我暗自竊喜，她冷不回又補了幾句：「何必這麼辛苦頂嘴呢？媽媽嘮叨的時候，就左耳出右耳進，放空想自己的事就好了嘛！」果然是知人知面不知心，孩子心海底針，要想成為孩子的好朋友，日常對話是不夠的，還是得認真找個法子，深入瞭解她的所思所想。

乍聞ABCD寶要成立部落格、寫交換日記，最興奮的粉絲就是我了！當初連想當C寶的FB好友都被拒絕，還要放下母親身段，低聲下氣、百般懇求，才獲得首肯，無奈她握有權限，總有些訊息她只想分享好友，虎媽想得知小妮子的心情故事也只能望高牆而興嘆！哈！終於等到有一個正大光明的方式，可以深入瞭解她們的想法，我總是迫不及待等著拜讀最新文章，每每有人拖稿，還會催促C寶趕快詢問。

那段時間恰逢她到香港大學讀書，環境、心情、思想有許多變化、成長，以往講電話時，總是一般的噓寒問暖、生活瑣事的叮囑，但是藉由她們親筆書寫的一篇篇文章，讓我們母女可以針對一些主題討論年輕人與父母的許多不同思維，無形中相互瞭解不同世代、親子角色的觀點，真正如同好朋友般的深談，讓我們的親子關係更加親密。

我們曾在深夜促膝長談時，提及她的童年趣事，如果真可以換媽媽，C寶在不同的教養環境會如何成長？如果我的小孩是AB寶或是D寶，我還需要成為虎媽嗎？可惜養育孩子畢竟不同於科學實驗，可以有實驗組與對照組，可以控制變因，可以反覆實驗。親子情緣妙不可言，真心感謝上天，心中輕輕迴盪一首先知紀伯倫睿智優美的詩詞：

你的孩子不是你的，
他們是「生命」的子女，是生命自身的渴望。
他們經你而生，但非出自於你，
他們雖然和你在一起，卻不屬於你。
你可以給他們愛，但別把你的思想也給他們，
因為他們有自己的思想。
你的房子可以供他們安身，但無法讓他們的靈魂安住，
因為他們的靈魂住在明日之屋，
那裡你去不了，哪怕是在夢中。

你可以勉強自己變得像他們，但不要想讓他們變得像你。
因為生命不會倒退，也不會駐足於昨日。
你好比一把弓，
孩子是從你身上射出的生命之箭。
弓箭手看見無窮路徑上的箭靶，
於是祂大力拉彎你這把弓，希望祂的箭能射得又快又遠。
欣然屈服在神的手中吧，
因為祂既愛那疾飛的箭，
也愛那穩定的弓。
……❶

① 節錄自《先知：東方詩哲紀伯倫唯美散文詩集》，卡里．紀伯倫（Kahlil Gibran）著，趙永芬譯，野人出版。

寫在出版前
一切開始於四個女生的閨密交換日記

在我讀大學時，不只沒有網路、沒有行動電話，甚至連個人電腦都還沒有發明，與遠處朋友溝通只能藉著貼上郵票，勞煩郵差遞送的信件，除了曠日廢時，還往往忘了自己前一封信在談什麼，而且信件也只有兩人的互動，不像你們四個人彼此間能碰撞出更多的火花。

文字書寫可以幫助我們思考以及想得比較深入些，就像曾寫下「未曾選擇那條路」這首家喻戶曉的詩人佛洛斯特所說的——「沒有看到我寫的文章前，我怎麼知道我在想什麼？」的確寫作是整理我們紛亂思緒最好的方法。

在生活中，我們遇見許多人，經歷過許多事情，在交會過程中，多少都會在心裡留下漣漪，如果沒有隨手記下，那些感觸很快就會隨風而逝，了無痕跡；但是如果能記錄下來，那些隻字片語，就成為生命中永誌不忘的印記。

而且，很多的心情在時光流轉中淡忘，這些年少的純真與想望，若能留下紀錄，以後回顧，講嚴肅是提醒自己不忘初衷，但實際上更多的或許是因那些年輕氣盛的臉與未經風霜的心，每次回顧又是心疼，又是自傲。

其實，我回應你們的那些話語，並不是在教導你們，而是恍如穿越黑洞跟年輕的自己聊天。

謝謝你們的交換日記，讓我有這個機會重新與自己相遇。

李偉文

Dear ACD：

有時候，要起頭一件事真的很難。所以，把你們拉下水一起泳渡我的惰性。

我們共擬一週發一次文章，記錄自己的大學生活。

不只是記錄大學生活的事件。最主要我們想記錄自己，給未來的自己一個鐵證的交代，是怎樣頹廢、怎樣精彩、或水水的、或濃郁郁、時而迷惘、時而堅定自信。也給現在的自己叫人興奮的壓力，不時抬頭望向上頭將落下那刻著截稿日的巨石，頭皮發麻，熱氣蒸騰，警醒著一週的無所事事，該有的反思或行動，或者太過豐富的星期，別忘了沉澱與反芻。

除了記錄，更想聊天。在臉書與LINE氾濫的年代，想要促膝長談是一種奢侈，不只是懶得打那麼多字，打一兩句就不小心就按到enter鍵，也少有人耐心聽我落落長講一長串。如今我們各奔四方，D寶要去比利時當au pair一年；C寶跨海奔赴港大，估計得闖出一片天才願見江東父老，非長假過節不會輕易返家；我念軍校一年半載內只能守著宿舍，守著台灣；A寶雖留守台北的喧囂熱鬧，但大學的生活圈愈畫愈大，分享給彼此的交集比例，也許會慢慢縮水。所以除了老友之外，我們正式成為網友，每週在此固定聚會，只是這次動手不動口，張眼不張耳，這次我們的話題更可以反覆咀嚼，反應慢的慢慢消化，反應快的多品嘗幾遍。寫週記，也是給老朋友一個交代。想到一段有些邪惡的電影對白：「你過得好嗎？」「不好～」「噢，那我就放心了！」我們的心情恰與之相反，對吧！

最後，我們以半公開的方式，公諸於世，則是對那些給我們教導、教訓與教育的人、事、物一個交代。取之於世間太多，除了謝天以外，不妨嚼一嚼再加幾滴自己的口水，吐出來，物質循環一下，給前輩們當晚輩新聞，給同年相互指教，也給學弟妹們一些活生生血淋淋的例子，也許對未來選擇有些理解，因為曾經，我們也是一路跌撞走來。

不知道現在看到這兒的你，是為什麼逛到這裡，又為什麼願意駐足停留，但既然我們坦誠相見，便希望你亦留下一點足跡，讓想法彼此激盪。

Love, B 2015.9.

第 1 篇

從求學到就業，
未知的夢想與現實

A寶

李欣澄

選擇與割捨的藝術

Dear BCD：

這次決定以日記的方式，流水帳記錄我在幹嘛以及我最近的心情反省（可見最近過得很亂）。暑假沒有像B寶一樣每天張開眼，在陌生或不熟悉的國度探索，而是被實習、工作等追著跑，工作做久了也會有倦怠、疲乏感，雖然每天的刺激與任務不一樣，但是自修與自我精進的時間變少了，覺得腦袋有點貧乏！

暑假開始的頭兩週，我把去年選修的三校創意學程修完。三校創意學程是由台科、政大、師大三個學校聯合開課，每一組由來自三個學校的學生組成，要在一年內針對「腳踏車」這個主題完成創作，創作成果沒有局限，可辦活動、產出物件、模型、發行腳踏車周邊產品。

跨校的合作不容易，在這一年中，我們這組成員由六人退到剩下兩人，剩下我跟我的傳院好同伴阿濃。在學期間都很忙碌的我們沒有什麼合作與討論，成果展的前兩週才趕工。我們發想的產品是「可自動拆卸、隨內容物任意調整大小的腳踏車籃」。

當我們正煩惱該怎麼找到願意與我們討論的製造廠老師傅時，陶亞倫老師提議帶我們到他合作過、在南港的製造廠。製造廠的老闆與老師傅看著我們的手繪模型圖說：「好，你們明天一早來這，我幫你們打樣！」隔天一早，製造廠還沒開門，我跟阿濃就在門口等著。師傅們也很厲害，拿了兩根鐵架從固型、打鐵、測量、焊接、掛鉤製作……，不到一個上午的時間，就把我們構想的車籃骨架做出來。也很感謝很罩的外婆，完成最後把車籃與籃袋結合在腳踏車上的縫製步驟。

還記得一年前的暑假，我們到義大利採訪了許多設計師，我們好奇的其中一項問題是「義大利設計師如何與製造師傅合作」。訪談了許多設計師最後發現，設計師只能不斷地去找「對味」、願意只打樣少件品、有求新求變的製造師傅，沒有其他方法。製造師傅不是只有照著草稿圖製作，而是增加自己的經驗與設計師討論，兩者的關係亦師亦友。走了一圈義大利，一年後也因為這個創意學程回到台灣的製造廠，覺得很感動，非常感謝老師的協助。

最近在檢討自己的一個壞毛病：不喜歡放棄或者說不喜歡中途而廢，即使一開始判斷錯誤，沒有做足功課，參與了某項計畫或是活動，後來分析不符合機會成本，還是會硬撐下去。對現在的我來說，這是個缺點：不會適時抽離。雖然繼續做下去偶爾會有意外的風景，但是成本很大，不會發自內心地感到真實快樂。

轉眼間，我們就要大三了，回想起二十歲生日那天給自我三個期許中的一項：無論大小事，在答應、給承諾之前，要再三想清楚。凡是答應的事就要做到、做好，甚至做得比預期的好，不然當初就不要答應。

選擇與割捨，是我在這個暑假要好好決定與割捨的，讓接下來的時光，做自己真正快樂，也對人有所助益的事！於我而言，我希望每天讀一篇放映週報的文章並做紀錄、讀英文、繼續增加技能，並持續不斷地寫文章。

Love, A 2016.7.

留級沒什麼大不了

Dear ABC：

週間除了照顧小孩，另一大部分時間都獻給法文課，一個星期四天、一次四個半小時，班上同學來自各個國家、說各種不同語言、橫跨各年齡層（年紀最大的同學都已經有孫子了）。

記得十月底剛開始上課時，完全聽不懂老師在講什麼，隔壁的保加利亞同學拿筆不停寫著，看他長得一臉學霸樣，我轉頭用英文問他老師上課的內容，只見他眉頭一皺，支支吾吾地跟我用法文解釋，後來我才發現他法文還講得比英文好……。

奇怪的是，班上有好多同學的法文都已經能跟老師溝通，可以上課提問、和老師聊天，我只能皺著眉、緊盯著他們的嘴巴，試圖從中瞭解每句對話的內容，心裡無比困惑：「這不是第一級嗎？我有沒有走錯教室？」不過還好，這裡的教學方式讓我能暫時放下焦慮，享受在課堂中：玩遊戲、看短片、演對話、唱法文歌、文章接龍……，好像回到小時候剛開始學英文，在遊戲中學習，在學習中遊戲。我不敢說自己的法文變得多強、多厲害，但用這樣的方法學習，確實讓我愛上法文，不害怕複雜的文法，還能有自信地用法文點餐，甚至跟路人聊上幾句。

每一期結束都會有個考試，從測驗中測試學生聽說讀寫的能力是否能升到下一級。十二月底考完第一級測驗後，才知道有「留級」這個選項，當初那些課堂上可以跟老師對話的人，有的已經重複上第二、甚至第三次了！第二級的課程又更加注重文法，時常被搞得一個頭兩個大，有聽不見得有懂，懂了也不見得完全用對，只能在每次錯誤當中慢慢學習、增加腦袋中的資料庫。

考試前一個星期，班上同學開始問起考試內容——看來怕自己留級的人不只我一個——問老師考試會不會很難，教書超過三十年的老師對著全班說：「如果你已經到了第三級的程度，就會覺得很簡單；如果沒有，那當然會覺得很難。不用緊張，留級沒有什麼關係，只是把你沒有學好的東西重新補好，你們應該也不希望到第三級的課，完全聽不懂老師在說什麼，然後很著急地問自己怎麼會坐在那裡吧！」這可是我從小到大，第一次聽到老師親口說留級沒什麼大不了！我們時常認為學習就是要不斷向前進，卻忘了看看自己還有哪些不足，是否需要停下腳步歇息。回頭想想，其實法文老師說得很有道理，如果一開始沒有打好基礎，那些洞只會愈變愈大，要花更多時間和努力才能補齊。

這席話讓我重新思考學習的本質究竟為何？而教育的目的又是要帶給學生什麼？這兩個問題也留給你們去想一想。最後，我還是幸運升上第三級，也沒有在第一堂課上著急地問自己怎麼會在這，我想，某部分的我是準備好了。

Love, D 2016.3.

B寶

李欣恬

大學生，你蹺課了沒？

Dear ACD：

我很喜歡上課，也很喜歡蹺課。如果你問我這樣是不是矛盾，我說我更喜歡學習。充實的兩週段考週結束，打鐵趁熱，換我來代言D寶在「留級，沒什麼大不了」的疑惑，重新思考學習的本質究竟為何？而教育的目的又是要帶給學生什麼？

蹺課是最高難度的一門課

你知道蹺課也有分級嗎？下而蹺之，睡過去；中而蹺之，滑臉書；上而蹺之，做點事。認真用時間，其實每天時間好多好多，萬一你鼓起勇氣選了蹺課這門課，蹺課最可怕的就是你默默的雙主修了「時間管理學」，而你常常不知道，就像是成績單出來，你發現你有科零分，而你覺得你根本沒有看過那門選修，你連有那選修的存在都不知道一般驚駭。

蹺課第二可怕的是沒有人當你。被當固然可怕，但仔細想想沒有人當你的課更可怕。沒有人當你，所以也沒有人拍拍你的頭說「你好棒，一百分」，沒有人說「喔，你管理學修得不錯」，你無從自我感覺良好，也沒有六十分之網將你勉勉強強托住。蹺課最可怕的就是你逼不得已要當球員兼裁判，學生兼老師，而萬一這老師看不慣學生，學生看不慣老師，更巧的老師跟學生是同一人，邊準備雞蛋還要被雞蛋砸，景況多麼淒涼。

所以你看吧，蹺課這門課真難修齁！我說：「那所以我們還是乖乖去上課，要不要？」我看到你眉頭一皺，一定是在心裡咕噥著：「你這善變的女人。」

直擊醫學生的教室

場景是一個不大的教室，桌椅有點擠，剛上課沒幾分鐘，他沒開始點名懇請大家來上課，而是趕人：「你如果想要有標準答案，現在就可以出去。」我有種吉祥的預感，好戲登場。

他的課是ppt，是密密麻麻的ppt，但他的課還多了很多「?」，問號。第一堂課老師問：「何謂老化？什麼是老人？那老人學，老人醫學又是什麼？」當作回家作業想想吧，他說。於是你就記得了這門課的主題，於是觀眾朋友也約略猜到了每堂課都有個懸而未解的常識當作開頭與結尾，而答案你需要自己找出來。天下沒有不可教的學生，只有不會教的老師。這是一種老師的自我勉勵還是……，學生的護身符準沒錯，振筆疾書於焉開展。

病人是你最好的教科書，因為病人沒有答案的。但你們學習常常用ppt，叫作「powerpoint」。為什麼要「point」呢？難道人生是能夠用point就足夠了嗎？不知道ACD你們的課本長什麼模樣。我們的課本是那種紙薄薄，有時候有點滑滑，常常高達上千頁的那種。但有書商說，「醫學院學生中最不買書的就是你們學校的學生了。」所以你可以猜到我們是用什麼來上課嘍，沒錯，四格漫畫，啊不對，是四格ppt。你說這樣原文書瘦身後就和藹可親了嗎？那倒也沒那麼誇張，還是常常一份大約有一百格的ppt，輕輕鬆鬆就吃掉了兩、三個小時！醫學知識食量大得驚人，而且還只是剛誕生的baby呢。好了，老師接著要說明他的觀點了。「Point成不了知識和智慧，聚沙成塔是錯的，沒有關聯的沙子怎麼成塔呢？沙子要成塔唯一的辦法，就是把powerpoint放在有水的環境，水就是故事脈絡。」聽到這番道理，頓生慚愧，我就是那抱著樹枝妄想在暴風雨中漂浮的，粗壯的原木在遠方，愈來愈遠，to grab or not to grab is my choice.

關於知識與理解

「DKA多是年輕人代謝的產物，但為何老人家都用「hyperglycemic hyperosmolar state出現？」大家來一起看這個式子，osmolarity=2Na+Urea/2.8+glucose/18，這是一個很重要的式子……。」哇噻有同學用一行公式分享看法，我怎麼沒想到。如果教育是給你個框架，那你注定失敗，日趨下流。「很少人把圖書館的書變成自己的知識，把知識化為智慧，」老師說。這句話來得真是時候，但回答這個問題，其實你要相信你有辦法，不要辜負你十八年的教育。

「還記得laplace law嗎，大家為什麼要讀物理？其實物理很好用。」各種以偉人為名的專有名詞光記住就難，細節更全忘了，但這樣一點一滴看似無關的知識累積其實都有可能是未來非常關鍵的工具。「二十歲是可以很囂張的時候」老師接著勉勵，義務教育儲備了我們足夠多祖先探究的知識，就等著我們觸類旁通，鎖定目標去創造。不等著解釋更多，老師犀利批問，「台灣醫學生到底好不好？」其實也不錯。「但陽明是我們學校創建的，現在已經遠遠奔在前頭了」，老師邊洗三溫暖，還要講家族血統史。高等教育曾經令我感動，場景是台大某場段考，只考兩題，你要翻書、查網路隨你便，從九點開始考到晚上，帶睡袋打地鋪也無妨。把相似的東西互相比較是學習的好幫手，老師親自示範不只要跨校比較，還要跨領域比較。很多事情你把它當成事實背起來就結束了，但它可不可以有個道理？

當你有個question，就會去查很多，想很多！「如果你在天堂裡，很幸運地和賈伯斯一起搭電梯，你如何在十秒鐘讓賈伯斯印象深刻？」老師連珠砲似的說。老師的腦筋動得真是飛快，連面試題庫也出來了。「西門子已經把某些地方的工廠全部自動化。現在你思考不用付出代價，但未來你的思考都要代價」，老師警告。好像什麼醫糾標語喔！醫生是要會說故事的，凡是事前說明的都叫作告知。想到這樣，二十歲要怎麼囂張起來我納悶。我不是在上人際溝通也不是在上醫療倫理，我真的在上老人醫學，你聽下去就知道了，Na/Cl在人體內扮演至關重要的角色，但它們的體型其實很小，不過滲透力恰好是顆粒愈小，濃度愈大。決定水的移動是來自於顆粒數目，如同人不用偉大，再渺小，再畸形，也不要放棄自己，找到自己的定位。

當醫學生的感動

之前不時有學弟妹密我，問我「為什麼選醫學系？再選一次會不會選一樣的？有沒有哪裡後悔？」ACD你們也來回答一下吧！老實說，我滿喜歡的，後悔的是我太晚發現它有趣，而且對它很有趣的信心常常游離不堅定。

生化為什麼這麼難？也許內在動機與外在動機可以部分解釋。外在動機是成績與讚美，容易製造也容易銷毀，一旦抽走個體就消融掉了。內在動機是對於「？」的不滿足，這也是我覺得醫學系有趣的地方，每道實驗與結論背後都是一個個熱情的問號。

「詩人和醫師在思想上緊密相連——都涵括了診斷和治療，本質上為真理和愛。我所謂的doctor包括所有不把科學當例行公事的科學家，他們滿腔熱忱，他們努力發掘心靈和肉身之間的關係。」

「大學生，你蹺課了沒？」重點不是蹺不蹺課，而是我對學習有沒有熱忱與好奇。

Love, B 2016.3.

D寶

王雲安

為什麼不離開？

Dear ABC：

在歐洲的最後一夜遲遲還不想闔上眼，似乎醒著時日子會長一些，聽著窗外雨滴聲，濕答答的心情已經持續好幾天。關上行李箱，除了眼前這箱行李之外，我還沒準備好離開，尤其是心。

回顧一年前，有位朋友聽到我要來比利時當互惠生（au pair）後問我：「為什麼要離開？」其實我不停在問自己的反而是「為什麼不離開？」當初出走沒有想太多理由，最主要原因是我的心迷失了，似乎哪裡都沒有容身之處，只好勉強以不舒服的姿勢卡在一個不是很滿意的生活中，我再也不是原本的自己了，於是決定離開，離開那個旁人稱為「舒適圈」，卻不再讓我感到舒適的環境。

就像隻掙開枷鎖的籠中鳥重新學習飛翔，終於不再需要透過地圖想像天地的遼闊，開始在旅途的萍水相逢中一一蒐集旅人們的故事：青旅的加拿大老師，為了享受假期騎著腳踏車漫遊德國；法文班上的敘利亞女孩，為了躲避戰亂，舉家逃至布魯塞爾；火車上的波多黎各導演，為了遠離讓他心碎的愛人而來到馬德里⋯⋯。聽著他們的奇遇，我也試圖整理離開的理由，不是為了誰、想著前往哪個方向，只是單純想飛出藩籬。

當覺得好像真正得到自由時，卻又開始對這大到摸不著邊際的世界感到害怕，有時恨不得躲回從前的小小空間裡。某天翻到好友在離開前給我的一句話：「去國外要看世界，也要回頭看看自己的心。」他早已發現我的雙眼只盯著外面的世界，忘了審視內心，其實那些扭曲變形的並非世界，是我鎖上了心。

國外的月亮並不會比較圓，你賦予世界什麼樣的價值，它就擁有什麼樣貌。為什麼出走？或許是太倔強，也可能是無法安逸生活，抑或只是想在偌大的世界中看見自己的渺小。始終感謝那個初生之犢不畏虎的自己，敢於跑到浪頭上縱身一躍，在途中勢必放棄了一些選擇，卻也得到這輩子不曾想過的收穫，十年、二十年後再回想，仍會是個嘴角上揚的回憶吧。

在歐洲打滾一年，不敢說明白多少人生大道理，但很確定的是，我學會如何做自己，如何不被世界輕易改變，如何堅持住理想、忠於自己的心。

ps. 分享一首我離開台灣前寫的歌，相信說了再見，是為了再相見。

Love, D 2016.9.

《再。見》

一道彩虹的圓滿　需要一場大雨滂沱
一朵玫瑰的浪漫　需要一句我愛你
一縷陽光的溫暖　需要一宿漫漫長夜
一次重逢的喜悅　需要道一聲再見
一輪明月的皎潔　需要一名旅人思念

一趟旅途的啟程　需要道一聲再見
人有悲歡離合　月有陰晴圓缺

花開花會再凋謝　人生不過緣起緣滅
說好別傷心作結　此事古難全
人聚人會再離別　心中烙印你我笑靨
帶著祝福向前追　莫忘莫掛念
千里共嬋娟

還是要道聲再見　感謝有你一路相隨
帶著回憶向前飛　勇敢邁向下一個起點

B寶

李欣恬——

就是要，註銷休學——七個問題告訴你要不要休學

Dear ACD：

其實三個禮拜前就應該要交稿的，之所以會成為讓你們超傻眼的拖稿王，是因為這篇的題目一直在變，到底要寫「就是要，休學」，還是「就是要，註銷休學」？或許我該像訓練有素的記者把兩個版本都先寫好，等拍板定案立馬上線。

兩個月前，篇名就想好了叫「就是要，休學」，但一個月前「就是要，註銷休學」看起來勝利在望，哪知兩週前「就是要，休學」反異軍突起，終於，兩天前「就是要，註銷休學」聽來比較詭異，點閱率跟按讚率約略會比較高，贏了！

從考上大學就在盤算著有朝一日要搭上GAP YEAR潮看世界。從此就像孕婦突然發現路上充滿孕婦一般，我也發現身邊充滿來趟GAP YEAR的朋友，有人到澳洲以bungee jumping為終極目標打工換宿、有到台灣各離島民宿尋找方向、有到北歐亂入台灣同鄉家聊天而集結成書、有D寶跑去當比利時的法國印度混血小孩的保母……。

據說要當企業家，身旁要先有很多企業家朋友。那麼看來要有勇氣把一貫平順的生活弄出一個GAP的人，也一定會有很多生活有縫、腦袋有洞的朋友。生活有縫包容著一切出乎意料的驚喜，腦袋有洞包容著一切大膽繽紛的想像。

在保守的台灣，以及保守的、保守的軍校，「休學」這具有刺激性氣味的字眼還是低調一點不要亂噴亂灑。豈知去年換手機順便把LINE群組全刪掉的悲劇，瞬間向全部朋友誤送了「我要休學了」的信息。通訊軟體鋪天蓋地而來的可怕效應，就在每次和別人打招呼後展露無遺，或驚訝、或懷疑、或興奮、或雀躍，從此沒有聽過親切沒有威脅性的「哈囉」了，只有懷抱著巨大期待等著聽故事的「你要休學喔？」。

「休學」這兩個字原來可以開啟無限想像。「可能去法國吧」、「或許會去德國」、「還是去南美好了」……。世界版圖「嘩」一聲在面前碎開，每一片都想拾起仔細端詳。那是一段令人目眩神馳的魔法時刻，像是突然聽得懂動物說話，世

1	**你會「KEEP ASKING WHY」，還是「NEVER STOP ASKING WHY NOT」？**大人聽到你要休學會需要一個很明確的理由；小王子知道你出走的理由本身就在你的問句裡。
2	**你會焦慮的詢問「COME ACROSS DIFFICULTIES」，還是你會興奮地問「BUMP INTO ANYTHING INTERESTING」？**大人會驚嚇的覺得休學是不是意味著你遭逢過不去的難關，需要避一避；小王子知道很有可能是別的星球把你吸出了 B612。
3	**你會警告「YOU WILL FALL BEHIND THE SCHEDULE」，還是羨慕「GO AHEAD EARN BACK YOUR CHILDHOOD」？**大人的人生是直線前進，覺得用最短時間走最多路才是王道；小王子寧可偶爾繞圈圈，用不同角度看風景，搭上時光機繞回童年。
4	**你會擔心的提醒「YOU WILL LOST YOUR FRIENDS」，還是祝福「YOU WILL MAKE NEW FRIENDS」？**大人有列不完的煩惱和擔心；小王子有創造不完的故事和冒險。
5	**你會問「WHICH IS THE BEST PLACE TO GO」，還是問「WHICH IS THE FIRST PLACE TO GO」？**大人總是喜歡把東西排序分級，連星球也是；小王子知道每顆星球都獨一無二，值得拜訪。
6	**你會問「WHAT DO YOU EXPECT」，還是問「WHAT IS OUT OF EXPECTATION」？**大人覺得人生是一張清單，最好都在意料之中，才可以平安打上勾勾；小王子知道意料之外的才會迸發驚奇，英文最美的單字 serendipity 如此才會令人迷醉。
7	**你會說「FOLLOWING OTHERS IS KNOWING THE RANKINGS」，還是說「FOLLOWING YOURSELF IS ROCKETING YOUR IMAGINATION」？**跟著人群走，思考的是自己與人群的距離；跟著自己走，需要思考的是我與自己的距離。大人喜歡在同一個賽道裡競速；小王子知道整個宇宙都是你的駕駛艙。

界變得更加嘈雜熱鬧，一張薄薄、座標精確的世界地圖，變成載滿未知的大英百科全書。

想像大概是會帶動想像，有人把到世界各地當農夫排進了我的bucket list，有人把駕著帆船環遊世界編進了我的旅程，甚至不記得我有過這樣的答案，雖然為了排遣無聊與煩躁，每次我都會為「你休學要幹嘛」重新打造新的答案。

我的「休學之旅」在還沒展開就戛然而止，室友貼心又小心的詢問要替我感到高興還是難過，可愛的教務處阿姨用表情豐富的眉毛叫道，「啊哈哈哈，還真的是頗尷尬的，還沒看過一個人休學不到一個月就反悔了」，有耐心、有愛心的助教感人的表示支持這個臨時變卦的好選擇。

休不休學其實說到底不是重點，休學之旅還沒開始就已經樂趣無窮，拿自己當小白老鼠做田調的感受異常鮮明。不搜羅各種疑難雜症對不起大家的熱情干預，前一頁是「七個問題告訴你要不要休學」。數數看，冥冥之中，你到底是「大人」還是「小王子」？

Love, B 2016.8.

C寶

盧品潔

充滿故事的人

Dear ABD：

人們好像都會因為隨著年紀增長、更社會化後，開始改變輕易批判的性格。或許是因為輕率的言論曾遭到異樣眼光對待，或許喜惡的顯露招來了不必要的麻煩，但更多的應該是那股想融入群體的意志。但難道我們就因此喪失了判斷能力嗎？當然不是，只是我們似乎很習慣將那些誑語轉化成另一種模式，「標籤」。

標籤的功能便是將物品分門別類以方便搜尋，因此一個好的標籤需要言簡意賅的指出物品的特性和定位。正是因為它的方便性導致大腦慣性懶惰，即使知道透過這樣的過濾機制既偏頗又片面，但仍習慣性地依賴此系統。

每天一睜眼便能看見標籤，例如廣告標語、品牌；更有無形的標籤如人們相互賦予的。曾幾何時，我們的人生中充斥著標籤，而這些標籤輕而易舉地用幾個字便解釋了一切。再也沒有人在乎背後的動機，也沒有人在乎背後的故事，又怎麼會有誰真正認識一個人呢？更糟的是，這些標籤似乎不會隨著時間推移或個人努力得到太多改變，人們也習慣了在初次見面的幾分鐘內，為你貼上用久的標籤。說到這裡，你們應該感受到我厭惡「標籤」的心理了吧？我承認在這個資訊爆炸的年代，能夠好好利用「標籤」來行銷商品、推銷自己，真的是一個聰明的辦法，我最無法忍受的是過程中消失的人性。從找工作乃至於交朋友，標籤讓一切都變得膚淺做作，我甚至一度拒絕加入這個矯情的遊戲中。

經過大學生活一年後，我對於「社會標籤化」有了不同的見解。雖然我無法改變現況，但也沒有必要為了得到特定的「標籤」討好誰而改變自己。可能會因為這股倔強而失去一些加入不同圈子，認識別人的機會，或讓到手的機會流逝，卻也讓我有了更釐清自我價值的機會。我想脫離因為「標籤」而聚在一起的hi-bye friend，去尋找願意撕開標籤、聆聽我的故事之人，因此若你此時問我未來想成為什麼樣的人，我會回答：「充滿故事的人。」

Love, C 2015.10.

C寶

盧品潔

你有畢業恐慌症嗎？

Dear ABD：

大三實習的結束，意味著即將迎來大學的最後一個章節。和散布在世界各地的朋友打探後發覺，大四這一年對不同地區的學生有著不同的含義。舉例來說，較多台灣學生會選擇繼續前往研究所深造，較多歐洲學生則因五年學制而應用所學半工半讀中。相比之下，身為在香港的大四學生，你只有一個終極目標：找工作！（這或許是我這個現實主義者和同溫層以偏概全之見，但學校統計出每屆畢業生的平均在職率為九十九％）。

出乎意料的，我並沒有在這畢業之際體會到太多恐慌，反之是選擇不同offer時，面臨這奢侈的煩惱。並無太多恐慌是因為我很早就打定主意，畢業後要先進入職場試煉，日後再返回校園，所以在目標明確且有計畫的執行下，救活許多可能會因煩惱而衰退的腦細胞。

會做出如此決定的原因，以結果論是時間成本的考量。在我學習力、行動力、體力最黃金的時期在職場卡位、建立人脈、理解市場，我認為能創造出最多樣的機會。若繼續就讀商科，則更能抓到學習要領、遇到志同道合的夥伴，若是想透過研究所轉換跑道，那先前累積的職場生存經驗也有益無害。結果論如此，但回頭檢視會發現，大學一路的累積讓我認識自己的目標並儲備了相當的能力，幫助我順利找到理想的工作。下面分享這個過程摘要和我如今的解讀。

藉社團活動擴增視野

除了能有機會探索學科外的興趣，我透過社團活動遇到了來自不同學院的同學。尤其在大學中更能明顯感受到，不同學院的邏輯訓練模式會形塑一個人的思考模式和價值觀。

就如同一個小型企業般，大家聚在一起向一個共同目標前進，但用著各自的方法。如何在組織的各個層級發揮所長及面臨衝突時如何化解，都是我在社團活動中所收穫的技能。那麼我到底參加了什麼社團？答案是……莎士比亞戲劇團！事實證明我這個商人還是挺有文化素養的吧，畢竟人生能懂得欣賞美是很幸福的。

從實習中找機緣

大一至大三的每個暑假，我讓自己嘗試在幾個有興趣的領域試試水溫，分別是金融業、顧問業和大數據產業。比起對這些產業的理解，最大的收穫是從這些領域最頂尖的人身上學習。千萬別以為你已經夠認真、夠好了，或許你天生的優勢能讓你在大學前的基礎教育中順利過關，但往後就靠你的努力和貴人相助了。雖然認真工作是必備的基本態度，但也別只埋頭苦幹、忽略身邊的貴人！我現在的工作就是隔壁部門的主管提拔的，主動問好、表示學習意願是職場菜鳥的生存之道。

從講座找方向

學校幾乎天天舉辦免費的 career talk。我當時抱著「撿便宜」的心態，只要有一點點興趣的主題，我就會排開時間參加。雖然也並非場場精彩有極大收穫，但聽多了就會理解企業希望招攬什麼類型的學生，相比之下，自己又欠缺哪些條件。遇到特別嚮往的公司，我也會厚著臉皮與派來的學長姊搭話取經。這些累積都讓我在日後的面試準備上輕鬆很多，畢竟我清楚這些企業的需求。接著只需將自己的經驗與企業的目標找到連結，整理出帶個人特色的故事說服面試官。

旅行讓我們豐富人生

半年前至法國交換學生計畫，讓我有機會體驗歐洲文化。朋友、佳餚、美景，旅行所累積的素材豐富了我的人生。但我更想解讀這是生活的一種態度，旅行不是一種逃避，而是開啟感知的媒介。如何在日常生活中找到平靜，平淡中有喜樂是我最大的收穫。

我想大學五花八門的經驗使我得以更瞭解自己，也摸索出人生種種的可能性。畢竟世界之廣、人生之妙是很難坐在房間「思考」出來的，踏上冒險之旅吧。這也意味著達陣沒有速成之捷徑，不想在畢業之際才恐慌，只能靠平時的累積。和你們分享我的心得，但我同時也並不鼓勵為了達到目標不擇手段。我想可以認真規劃大學生活，培育養分灌溉未來職場或其他人生目標。但同時浪漫的那個我還是希望能享受過程，並時時保持對人事物的好奇心才是長遠之計。

Love, C 2018.5.

D寶

王雲安

畢業，「斃」了嗎？

Dear ABC：

「畢業後有什麼打算？」是每個大學生都會面臨的問題，看著順利四年畢業的A和C進入職場奮鬥，我也跟著想像未來的樣子。面對人生的交叉路口，你們選擇了哪條道路？又是怎麼選擇的呢？在聽你們分享之時，我也整理了幾項在畢業前夕爆炸的想法。

確定目標

從高中開始，我就很確定自己要走教育，隨著閱歷、年齡的增長，方向也愈來愈篤定。我知道自己比很多人都幸運，在學生時期就明確知道想要什麼，也很倔強地不顧那些質疑聲音，抱著「我就是要做」的決心一直走著。你們都知道未來我想要自己辦學，不過夢並非一蹴可幾，除了讓自己有足夠的知識，「經驗」也是能力的一部分：家教、實習、辦營隊、參加工作坊、加入學校的TEDx……，你們肯定和我一樣時常「不務正業」，盡可能接觸愈多領域和活動吧！

至於如何將所學和經驗結合是另一大挑戰。我們家畫室寒暑假辦自然美學營已經連續好幾年，今年我試著將過去學到的一些教學和心中一些點子，設計成主題式的系列課程，將知識性的內容和生活環境結合，並以美學方式呈現成果。這是我第一次完整設計一套課程，把知識和想法實體化，也嘗試了想像中教學的模樣，我希望能以現有資源作為跳板，慢慢勾勒出未來學校的雛形（這也要感謝瘋爸野媽已經走在這條路上，我才能有這些資源）。

前車之鑑

當然，過程中遇到不少長輩的開導和指教，榮登第一的莫過於：「我在你這個年紀的時候也一樣很衝，覺得那些長輩都只會說風涼話，到現在這把年紀才懂年少的無知，我跟你分享，是不希望你犯同樣的錯誤。」我們習慣以過來人的角色分享經驗，好像有個前車之鑑就能避免途中的重重阻礙。但事實是，人生不可能一帆風順，前人的路套用在你身上不見得適用，畢竟我們生來不同，時代環境也在改變，沒有人能夠複製他人的成功。既然如此，「為什麼要阻止我犯錯？」也或許我就是天生反骨，非要自己碰壁才甘心。

讀研究所？出國還是留台灣？

畢業後，大致能歸納成三種選擇：讀研究所、工作、休息（男生還有當兵第四個選項）。我應該是我們四個之中唯一選擇繼續讀研究所的，不得不說這是經過反覆掙扎後的抉擇。

不知道從何時開始有個莫名的想法，覺得如果要讀研究所一定要出國念，而我的第一選擇是法國，首要原因是法國學費比英美的尾數都少一個零，加上我從比利時回來後，仍持續精進法文，法國便名副其實躍升至首選。然而問題來了，要去法國讀什麼？有什麼是台灣學不到要去那裡學的？這兩個問題讓我卻步了。

研究所在我心中的定位是「需要」而非「想要」，我並不是想到國外討個學位，而是這些所學必須對於未來做教育這條路有幫助，如果理由不足以說服自己出國，留在台灣又何嘗不是個選項？

最後，我決定留在台灣讀研究所，我找到了完全符合期望的系所——教育創新。申請時交了篇愈寫愈興奮的研究計畫，迫不及待想開始著手進行；我也決定在當「菸酒生」的同時要找實習、持續設計並實行課程，如果可以，或許會嘗試創業，努力汲取經驗為目標鋪路。

興趣可以當飯吃嗎？

曾跟三十好幾的姊姊聊，求學階段從來沒有人教她如何探索自我，身邊很多人出了社會後，天真慢慢被銷磨，不得不屈就於這個社會的遊戲規則。對他們而言，「夢」是屬於步入社會前和退休後的事，聽著這位姊姊邊說邊哽咽，我一方面心疼，一方面告訴自己不要成為沒有夢的人。

我仍天真地相信興趣可以是工作，即便不是正業也能培養成副業。人生在世短短幾十年，沒有太多時間讓我們浪費，我不希望有一大半的時間都做著不喜歡的事，在闔上眼的最後一刻，才後悔自己沒有好好活著（光用想的就好可怕）。

也可能是我還沒見過世面，但在那之前，先別戳破我美好的幻想，繼續相信這世上仍有獨角獸存在。

面對人生的交叉路口，我們不免想著要預設各種不同可能，再怎麼計畫也永遠趕不上變化，所以不論選擇或捨棄了什麼，要相信一切都是最好的安排，畢竟人生還有好多大大小小的畢業，別被這一次的畢業給擊「斃」了！

ps. 你們就努力生小孩，把他們統統丟來給我吧！

Love, D 2019.6.

C寶

盧品潔

職場菜鳥戰鬥日記

Dear ABD：

和當前主流價值觀背道而馳，我個人並不完全贊同年輕人必須找到熱情、興趣，才能豐富精彩。多數時候應與之相輔相成的努力被嗤之以鼻，但沒有執行力怎麼成事呢？話說回來，在沒有盡然瞭解一件事前，你怎麼能確認這真是你人生的「使命」呢？所以我認為這些心靈小語其實是給那些用盡全力但迷失在半路的冒險家，時常提醒自己別斷章取義。

就拿找工作這件事來說吧，我沒有世界上少數能將興趣和工作結合的人幸運（又或者說，我有很多興趣，但在瞭解相關行業後，我選擇了改道而行。）那在興趣之外，有什麼領域是我能探索的呢？有什麼事情是我不討厭，但做起來比別人輕鬆的？人是很有趣的生物，當你擅長一件事就會產生成就感，久而久之會開始喜歡起這件事。抱持著這種心態，我整理出市場上開放徵才的上百間公司，並埋首整理履歷、撰寫cover letter的不歸路。

整頓士氣

上路前調整心態是重要的。其一，不要先否定自己。雖然機會渺茫，但何不背水一戰？何況投遞履歷不過是幾下子的工夫，不試試太可惜了。同樣的面試後可以積極跟進結果，畢竟大家都一樣優秀的時候，HR也會很苦惱不知道該選誰，你的積極正好給他完美的交差。

其二，目標訂了就埋首苦幹吧！要說沒有得失心，那絕對是糊弄並嚇人的，因為就是想達成目標才進行一切規劃。但換個角度想，每個面試的機會都是寶貴的實戰演練；不只能精進面試的技巧，能讓這些大忙人撥出三十分鐘跟你解釋公司文化、職業前景等內幕消息，這不但是最豐富的職業講座，而且還是免費的！

執行安排

執行面上需要調適的則是優先順序的安排。倘若已經以找到理想工作為此段時期的首要目標，那該投入多少心力時間在此時的目標與在校課業上，就可以適當的斟酌拿捏。我多次被安排面試的時間與課堂時間衝突，該如何利用有限的資源創造最高的價值呢？這也意味著若更進一步的研究發現對某間公司的興趣不大，要衡量是否該投資時間繼續參與面試。

提槍上陣

面試的準備是一個長期抗戰。其一，必須大學頭三年不斷儲備經驗，才能在短暫交鋒時，展現十足的戰鬥力。經驗一方面是參與相關的活動，體現出你對這個行業不斷擴張的興趣；另外則是面試技巧訓練，尤其當今許多公司喜歡利用高度技術性題目甚至是腦筋急轉彎來測試臨場反應和抗壓性。

其二，必須知己知彼，才能布陣迎敵。可以透過自身的實習經驗請教相關產業的學長姊，或直接到公司的網站上看徵才廣告的條件，釐清申請的職位需要具

具體舉例：關於組織企劃能力的經驗

背景敘述	我曾經在獨立劇團中擔任宣傳部的部長，職責是帶領另外四名團隊成員發展建構劇團全面性的行銷策略。
問題瓶頸	由於獨立經營，劇團經費資源十分有限。
解決方法	開源方面，積極與相關的基金會和劇團制定合作方案或募款，並利用社群媒體培養劇團影迷。節流方面，制定精確的目標族群以縮減行銷成本。
呈現結果	將劇團臉書按讚人數提高四倍，並全數賣出兩場演出共240張票券。
學習啟示	我學習到組織企劃能力的精髓是必須在制定策略時排列所有目標的輕重緩急，有限的資源基於優先順序分配。有效率的策劃應是可以積極尋找更多資源，也果斷捨去無意義的項目。

備什麼樣的特質和能力。

接著為每項職位所要求的能力，賦予一個具體的自身經驗。如此不僅讓面試官更瞭解你，也具體說明為何你擁有這樣的特質，一箭雙雕。在傳達故事的時候也有特定的架構，能讓故事更有說服力：背景敘述、問題瓶頸、解決方法、呈現結果、學習啟示。

雖然每個領域和職位所尋找的能力相差甚遠，但最被看重的溝通能力、領導能力、策劃能力，應是可以作為所有人故事庫中的基本篇章。

這樣的拆解剖析是否讓你們震驚？別怕，我並沒有迷失在追逐名利的遊戲中，反而透過不斷接觸新的領域和準備面試的過程，對自己有些新的理解。

Love, C 2018.7.

偉文兒

立志長大後賺大錢，難道錯了嗎？

親愛的ABCD：

C寶國中公民課的考題：「請選擇下列何者為正確價值觀？A挑燈夜戰讀書、B孤立持不同意見的同學、C立志長大後賺大錢。」這個題目是這十年演講親職教養題目時，被我引述最多次的例子。

會知道這個精彩的故事，源自於我在雜誌裡的連載專欄，當時我聽到小學才畢業沒多久的AB寶提到她們跟同學的價值觀不一樣。我很好奇，一個國一的小女生說什麼價值觀，追問之下才知道小小年紀的你們，或許從小在荒野保護協會的親子團裡長大，對於惜福愛物、珍惜資源以及慷慨做公益的習慣是根深柢固的，所以很多事情跟同學的看法與做法完全不同，才有這樣的感嘆！

當我把ＡＢ寶與同學互動發生的真實故事用「如何建立孩子價值觀」為標題發表之後，在明星高中任教的翁老師看到了，打電話消遣她自己，說她常常跟孩子耳提面命的話，居然是錯誤的價值觀。

原來翁老師檢查Ｃ寶的考卷後，發現這麼簡單的送分題怎麼可能寫錯。結果Ｃ寶用很無辜的眼神看著虎媽說：「『用功讀書找到好工作才能賺大錢』這句話，不是你每天照三餐跟我說的道理嗎？好不容易一模一樣考出來了，怎麼會錯呢？」哈，演講時為了戲劇效果，我還會加油添醋，然後再引一些研究與理論，藉此跟家長或老師講許多大道理，在此就先略過。

其實雖然翁老師口口聲聲要孩子努力讀書賺錢，或者Ｃ寶也立志賺大錢，但是我知道這只是「誇飾法」，因為我與翁老師從小是童子軍，以「日行一善，人生以服務為目的」當作人生信仰，一輩子也不間斷地在從事社會公益，絕對不是利欲薰心、自私自利的人，也因為不是，所以才會用這個誇飾來消遣自己。

從生活態度建立價值觀

說到價值觀這件事，老實說要建立特定價值觀並不容易，因為價值觀無法

「教」，很難透過課堂上或以文字、言語訓誨的方式來傳遞，因為所謂價值觀，大概可以說是生活上面對不同可能性時所採行的特定選擇，這些選擇長期下來有一定的趨向或脈絡，形成固定（或穩定）可以觀測或預測的行為模式。因此，價值觀必須在真實生活情境中養成，也就是必須由眼睛所見，以及一次又一次親身經歷而建立，不是老師或父母嘴巴所講的。因此，要教孩子價值觀，不如父母反省自己本身的生活態度才是根本之道。

再舉個例子，很多師長都鼓勵你們要好好努力，當比賽優勝或考上理想學校，就說你們「自我實現」，其實這是自我表現而不是自我實現，我希望你們能夠瞭解，不是考了第一名才叫自我實現，那第二名以下就沒希望了，也期盼你們知道，有時候即便我們再認真、再努力，不見得就能夠得到相對應的成果。很多時候我們的命運決定於許多外在不可知的因素，也許公平，也許會不公平，但是我們都要能平靜的接受。

也就是能夠讓自己培養出不管別人是否能肯定自己，是不是能夠獲得別人眼中的成功，還是都能不失望、不沮喪，瞭解自己的價值，知道每個人都是不一樣的，因此，幸福對每個人而言也都是不一樣的，能夠決定幸福的，不是別人，而是自己。

因此，賺大錢跟能不能過著幸福的生活完全是兩回事。其實我很擔心，這些年報章雜誌最熱門的就是報導那些成功的名人，書市裡最暢銷的就是告訴我們有錢人怎麼想？有錢人做了哪些事？學校老師、父母、長輩不斷跟孩子灌輸：「用功讀書才能考上好學校，有好的學歷才能找到好的工作，才能夠賺大錢！」

當孩子從大人言行與媒體的報導中，把賺大錢的人視為成功人物，建立金錢至上的價值觀，這是我相當擔心的，當整個社會都在追求致富之道，總以為可以找到某個秘訣，然後就可以複製成功的方法，也會產生許多後遺症。

找到自己的天賦和熱情

我們都知道，要賺大錢也許必須努力，但是往往一個人即便再努力也不見得有機會賺大錢，而且當我們太強調秘訣與方法時，假如真的賺到錢，不免會認為這是我們比較聰明，比較厲害，成果是自己應得的，就無法看見一路上有多少貴人的幫忙與機緣的助力。

我常會提醒自己，在陪伴你們成長的過程中，是否在言談舉止中會不經意地流露出對有錢有勢者的歆羨之意，我也在生活中，不管是看電影或看小說，要你們思考究竟什麼是成功？

我認為成功是有意義的過一生，這個意義與世俗的名利地位無關，而是關乎自己對生命與價值的看法。因此，也不需贏過別人才是成功，因為自己的人生有沒有意義，由自己來定義，而且過得快不快樂，人生幸不幸福，跟所賺的金錢多少、工作的職位高低，其實都與別人沒有關係，而且也不見得對社會要有多大的貢獻，人生才有意義，這些都不是由那些可以量化的數字來決定。

因此只要能找到自己的天賦，自己的熱情之所在，真的不必跟隨著周遭功利現實的輿論起舞，每個人都可以活出精彩完美的人生，每個人都可以是個成功者。這個感觸也正是我曾經受邀到台中明道中學國中部畢業典禮致詞演講所告訴學生的：「大家千萬要小心提防父母長輩給你的建議，因為假如你們想要過個精彩、熱情的人生，就不該聽從父母長輩給你的生涯規劃，因為他們太愛你們，太關心你們，害怕你們受到挫折，怕你們太辛苦，所以一定會希望你們走一條安穩的路，但是這是我們自己的人生，要過得快樂而精彩，一定要做自己！」

而且真實人生是變幻莫測的，這個世界變化愈來愈快，我們幾乎不可能知道現在所學的知識或技能，哪些是將來能夠派得上用場，哪些是很快被淘汰，每個人只有不斷地學習，才有可能適應未來的世界，因為勇於做自己所湧現的求知熱情，是我們所擁有最重要與最基本的能力！

偉文兄

君子立長志、小人常立志？

親愛的ＡＢＣＤ：

我記得跟ＡＢ寶提過，當你想完成一個計畫時，最好讓周邊的親朋好友都知道你想做這件事，那麼當你遇到挫折想放棄時，會因為面子的關係而堅持下去。但是除了這些我們願意公諸於世的夢想之外，其實我們內心常常會有小小的發願，每當看到某些激勵自己的事物，就覺得自己似乎也應該做些什麼，但是絕大多數立的志向常常會無疾而終。

堅持與放棄的抉擇

學生時代忘了哪個老師曾用一句名言來勉勵我們：「君子立長志、小人常立志。」也就是說，君子比較有恆心毅力，立下某個志向就會堅持下去，而小人常常見異思遷，時時刻刻都在立下新的志向。「行百里者半九十」這句名言也要我們堅持下去，似乎堅持是舉世公認的美德。而且最近這些年有關成功者的研究報告，「恆毅力」被重新提出並且被認為是最關鍵的因素。研究者發現，聰明才智或其他競爭過程中所擁有的資源，都比不上個人擁有堅持不放棄、遇到挫折失敗卻能重新站起來再面對的勇氣。其實，不管哪個時代、哪個國家，或哪個民族，在教導孩子時，也都鼓勵孩子要有恆心，要堅持，不要輕易放棄。

不過，最近有一本書在提倡放棄的力量，認為並不是事事都該堅持下去，提倡放棄可以帶給我們力量，反而相當令人注目。當然，作者也不是完全反對堅持，在最後的結語留下一條尾巴：本書並不支持單純的放棄。假如放棄沒有伴隨著訂定新目標，那麼它根本不算是解決之道。

是的，不要孤注一擲，把自己的大好青春、所有資源，投注（堅持）在一個可能永遠沒有成果的事情上。在典範轉移迅速的時代裡，不早早放棄並找到新目標，也許我們終究會被時代所淘汰。但是何時該堅持，何時該放棄，是個難題，而且對我們的人性來說，放棄是一件令人痛苦或者覺得很沒面子的事。

人的天性是傾向堅持的，尤其在傳統道德與文化的鼓勵下，包括好萊塢電影最動人心弦的勵志片，所一再呈現的核心價值不就是永不放棄的精神？

倖存者迷思的影響

許多古老的諺語勸戒我們「行百里者半九十」，可是我們面對的真實世界、真實人生，也許我們努力了非常非常久，但是沒有人知道我們是不是正在參加一百公里的競賽？我們也許會相信自己離勝利只差一步，只要再堅持下去，就可以達成目的，但是我們的大腦與思考結構，真的不擅長分辨什麼時候真的只差一步，什麼時候是終點仍遙遙無期，甚至沒有一個所謂終點這樣的東西。

當然，有人會說，放眼所見，世上成功的人不都是堅持再堅持，努力再努力的永不放棄，才抵達今天的地位？但是我們忘掉了真實世界有個「倖存者迷思」的現象，也就是最後跟我們講人生大道理的人，都是那個活下來的人，不管是因為機緣幸運或其他不為人知的手段，但是當他成功了、有發言權了，一定會說他是多努力、多堅持，不放棄才成功。至於其他數以千倍萬倍更加努力、更加堅持但是仍舊失敗的人，沒人聽他們說話，他們也只能默默埋在墳墓裡。

倖存者迷思最明顯的例子或許是，當船難時，少數二、三人獲救，他們會感謝神，因為他們的虔誠獲得神的眷顧而生還，但其他沉沒海底的數百、數千人，其中也有許多同樣虔誠的好人仍然淹死，但是淹死的人沒辦法向媒體說他們有多虔誠，就像那些失敗或者下場悲慘的人，永遠沒有機會跟記者說他們有多堅持，他們就是因為永不放棄而招致今天悲慘的下場。

別讓堅持成為絆腳石

心理學上還有一種現象叫作沉沒成本效益，就像我們買了股票，當股價跌跌不休時，我們卻捨不得認賠殺出，其實人生其他許多付出與投資也如同買股票，因為我們之前已付出太大代價，太多努力，所以現在一放棄，不就全都前功盡棄了嗎？多可惜！也代表自己過去有多愚蠢。

對於實體的投資買賣，或許我們還能夠擁有足夠的理性克服這種沉沒成本的心理障礙，但是對於人生其他的投入，如工作或婚姻以及現階段你們交男朋友所投入的時間等。往往因為挫折，因為得不到，使得我們覺得目標看起來似乎更有價值，這是人的本性，在目標的追求上，我們往往會因為失敗而更努力，因為得不到而投入更多資源與時間去追求。其實持平且全面的檢視真實的人生，那些活得興高采烈、生命豐富而自覺不虛此生的人，絕少因為從年少就找到一生志向，努力再努力然後達成目標，從此一帆風順，絕大部分人都是從跌跌撞撞中才找到一生的最愛，而心安理得、義無反顧的投入。俗話不是說，人生不如意十之八九，所以訂錯目標，走冤枉路，原本就是人生常態。

南美洲叢林裡有個部落，在每個人一生中，會有幾次探險朝聖的旅程，在上路之前必須燒掉自己所有財產，並且離開自己熟悉的環境，向未知的目的地前進。他們透過這種習俗，強迫自己面對改變並且捨棄過去的累積重新開始。這個原住民部落的儀式，很值得處在當代文明中的我們效法，我們必須離開自己已經習慣的舒適環境，放下自己過去累積的成就，保持歸零的心態。

懂得捨棄，讓堅持不會變成我們人生的絆腳石，當我們無法達成目標時，可以告訴自己，或許該繞個路走，設定新目標，再繼續往前走。

人生沒有說一定要賺很多錢，晉升到多高的職位，成大功立大業才算是達成目標、了無遺憾的人生。只要我們始終秉持著興高采烈的生活態度，不管在別人眼中，我們是成也好、敗也好，都是一趟不虛此行的生命之旅。

偉文兄

夢想像孩子，要養才會大

親愛的ABCD：

最近幫幾本書寫推薦序，發現作者不約而同的鼓勵年輕人尋找自己的天賦，並且追求自己的夢想，其中有的書也介紹了許多新的職業典範，所謂新，是因為他們並不是我們想像中的賺大錢或有名的成功人士，但是他們都有一股熱情，將自己認為重要的事情做到完美，這些事或許不是傳統主流價值裡所看重的行業，但是這些年輕人眼睛都亮著光芒，充滿幹勁又快樂。

的確，現今台灣社會必須建立新的生活價值與職業典範，因為每個社會在全球分工之下，會隨著時代變遷而轉化，當一個社會從農業社會轉變到工商業社會，經濟快速成長，每個人只要努力就會出人頭地，所謂一分耕耘一分收穫，但是當一個社會已高度成熟且人才過剩時，必須替現在的年輕人與學生找到新的出路，已經不太能套用過去所謂成功致富的模式。

不同時期與環境的課題

以前的時代，每一份工作的內容都很清楚、很固定，甚至從學校畢業進入一家公司，往往在同一個辦公室，跟同一群人做同樣的事，一直到退休，可是我們知道，這樣的時代早已結束了，即便我們在同一家公司，工作的內容與型態也會常常改變，甚至趨勢專家也指出，未來每個人一生的職業生涯中，至少會轉換四個不同的產業，不是同一個產業四家不同公司，而是不同的產業！

雖然我不相信人生是可以規劃的，像工廠生產線一般，原料丟進去，預期中的產品就出來了。但是，人生雖然不能規劃，卻很需要夢想，而且夢想最好是抽象的，是向上向善的願景，夢想應該不是可以計量的成就，不是經由管理手段可以達到的目標。

理智的規劃常在時代變遷的洪流中淹沒，而心願是種神秘的力量，會召喚出許多的貴人與機緣前來助我們一臂之力，而且我覺得具體的目標會形成生活的壓力，使我們充滿了挫折，而夢想卻給予生命熱情，讓我們每天迫不及待地起來面對新的機會。

這樣的夢想可以指引出一個方向，讓我們遭遇挫折或各種意外時，還可以滋生出不斷前進的勇氣，也不至於偏離我們內心深處真正的想望。

找尋自己的太陽

可是我也知道有許多人不曉得自己真正喜歡什麼，的確，要確定到底什麼是自己的夢想，有時候是不太容易。因為也許有很多事情我們似乎都喜歡，也有能力做得不錯，而另一方面父母長輩也會告訴你們「做什麼事對你比較好」，因此你們就逐漸分不清楚什麼是夢想、什麼是目標了。我認為每個人心中真正的夢想，是當你聽到或看到某些前輩，在他們那個行業或領域的努力時，會很感動，或許這就是你夢想之所在。

夢想就像孩子一樣，要養才會大，而且要好好養，才會長得好、長得壯，經得起風吹雨打。夢想，雖然似乎很抽象，但是隨著自己年齡愈來愈大，卻覺得夢想反而是生命中最實在的東西。若是把夢想養成信念，這就是實踐的力量。只要是夢想，體力上就算再疲憊、再辛苦，也不算是工作，它是充滿興奮和喜悅，帶你走過更過癮、更充實、更精彩的人生旅途。

有一首我很喜歡的詩，我把它擺在案頭隨時提醒自己，在此也分享給你們：

如果你不抬頭看天上的星星，
你的夢就不會跟你走到天邊；
如果你怕冒險，
你就不會知道你的心是如何在跳舞；
如果你不相信奇蹟，
世界上的事，
就多半與你無緣。

傳奇不是大人物才有的，每個人都可以寫下自己的傳奇，只要心中有夢想，依循這個夢想前進，就能為這個世界增添一些光彩。每個人身上都有太陽，只是要讓它發光。

偉文兄

告訴自己不要成為沒有夢的人

親愛的ABCD：

看到D寶在「畢業，『斃』了嗎？」面對大學畢業時的選擇及跟已工作的學姊聊天的文章，內心感觸很複雜。

我想你們都很清楚，你們是很幸運的，至少不必為了讀書需要自己打工賺學費，大學畢業後若想要繼續讀研究所，也不必為錢煩惱，甚至將來要選擇什麼職業，我相信你們的父母都會全力支持。

但是，我知道你們面對畢業後的未來，心情卻比我們當初更迷惘，甚至更空虛、更無力，因為你們面對的是提倡尊重每個人，認為為了活出自己，「做什麼都可以」的時代。

失去束縛的不安

在民主自由的台灣，沒有人規定你非得從事什麼工作不可，不再有限制，每個人都是自己的主人，每個人都可以做自己，無限可能的成功與卓越，在這個時代，父母師長不斷地告訴你，「沒問題的，你一定可以的！」是的，你們已經沒有一個必須打倒的權威，沒有了敵人，外在的威迫轉變成自我剝削的強迫症，我們努力工作已不再是為了生存的必要，而是來自於過度積極與過度的神經質。

你周邊所有人不斷追求著各種目標，因為只要你願意，似乎沒有什麼不可能，快節奏的生活擠壓了我們所有時間的空檔，我們愈努力參加活動，愈是焦慮不安。因為什麼都可以，所以你失去了說「不」的能力。以前有憤怒的對象，有可以反抗的敵人，但是現在社會沒人會限制你、規範你，我們的生命反而剩下莫名的焦慮與恐懼。

哲學家史賓諾莎說：「一切定義都是否定。」有了限制，我們才能認識自我。其實生命的開始，來自於細胞，細胞的形成來自於那一層細胞膜，將世界分成我己之內與我己之外，因為那層膜的圈隔限制，才形成生命。當什麼都可以，失去了界線，沒有了否定，也就失去了定義，當自我可以無限擴張沒有限制時，當然也就失去了方向感和存在感。

每當別人說：「你一定可以的！」「只要你願意，你就有無限可能！」只會讓我們覺得很累、很無力、很倦怠！因為我們被自己逼得不斷地活動，卻不知為了什麼活動！

法國社會學家艾倫貝格認為，現在社會要求每個人採取自動自發的行為，每個人都有義務成為他自己，因此，憂鬱症患者往往只是拚命努力想成為自己，而把自己弄得精疲力竭！

喔，一不小心話題就扯遠了……回到D寶跟那位已經三十幾歲的姊姊有關夢想的對話，很開心D寶一方面告訴自己不要成為沒有夢的人，一方面卻又很務實地在為實現夢想所必須具有的條件與技能而努力充實自己。

關於夢想這件事情，有一個最近發生的有趣小八卦，在講之前，你們先猜猜看以下兩句著名的話出自哪本書？

「當你真心渴望某樣東西時，整個宇宙都會聯合起來幫助你完成。」

「不管你是誰，也不論那是什麼，只要你真心渴望一樣東西，就放手去做，因為渴望是源於天地之心；因為那就是你來到這世間的任務。」

我想你們應該還記得這本書，因為這兩句勵志金句二十多年來不斷在全世界被傳誦，這是暢銷全球一百多個國家，銷售超過五千萬冊的書《牧羊少年奇幻之旅》裡最重要的概念。我知道很多中學老師喜歡這本書，因為你們讀國中時，老師曾指定寒暑假必讀的書，到了高中時，老師又指定這本書。

最近接到大愛電視台「青春愛閱讀」節目的邀請，希望能上節目跟來自五個學校二十來位高中生對談這本書。

上節目前與主持人謝哲青閒聊，相當好奇為什麼他會找我導讀？他說除了詢問周邊一些朋友，結果大家都推薦我之外，他也曾上網搜尋各種報導、訪談，及文章，發現我是台灣最早談夢想的人，各類關於夢想這主題的採訪影片與文章，也是最多的人。聽了他的說明，我嚇出一身冷汗，在這個低迷不景氣的時代，奢談夢想會不會有「何不食肉糜」之譏？

不過這些年我若到學校跟年輕人談起這個主題時，一定會強調「夢想與目標」的不同，同時也提醒大家應該爭一時也爭千秋，也就是必須兼顧理想與現實。其實，我很怕看勵志書，我更不喜歡所謂「吸引力法則」所標舉的正面思考，我也認為若是沒有附帶條件的說：「當你真心渴望某樣東西，全宇宙的力量就會來幫助你」，所造成的負面後遺症會比正面鼓勵多，因此，我過去所談的夢想，並不是一廂情願地主張不顧現實條件，一味追求自己的夢想，而是要區分「夢想」跟「目標」的不同。

夢想與目標的差異

我們每個人都很會訂目標，當然，大部分時候是別人給的，小時候父母老師不斷給一個又一個目標要你去完成，離開學校後，老闆也會透過胡蘿蔔與鞭子，督促你達成一個接著一個不斷成長的績效目標。

通常目標有三個要件，一是有期程，也就是在哪個時間必須完成；第二個是可以量化的、具體的；第三是依自己能力應該是可以達成得了的。

但是夢想跟目標不同，真正的夢想應該是抽象的，而且是自己一輩子也完成不了的，也就是當我們還活在世界上時，都可以不斷朝它前進。是的，夢想最可貴的地方，就是我們可以一輩子追尋，每天都有新的進展與收穫，有生之年時時刻刻都走在夢想途中而眼睛發亮，充滿熱情與活力。相反的，目標完成就完成了，不再有懸念，也不再有熱情，但是夢想因為永遠完成不了，所以可以用一生來追尋。

如何找到真正的夢想？可以從目標來著手。訂目標是比較簡單的，但要辨識何者是自己的夢想，對很多人來說是困難的。我建議的方法是，對短中期目標問自己「為什麼？」。比如說，你想讀博士學位，那麼問自己：「為什麼要獲得博士學位？」每個想讀博士的人的答案恐怕都不同，也許有人會說：「為了獲得別人尊敬。」有人是：「為了比較容易找到好工作。」那麼，你真正想要的應該是獲得別人尊敬或者找到好工作，而博士學位只是達成那個目的的途徑之一而已。

然後再問自己一次「為什麼？」——「為什麼想找到好工作？」「為什麼想受人尊敬？」就這樣從具體目標開始，不斷追問自己「為什麼？」相信二次或三次之後，就會有一個比較抽象的答案，而那個答案也才是自己內心真正的渴望，這個渴望通常也能夠讓自己一輩子追求。

沒錯，真正的夢想是值得自己一輩子追尋，同時也必須花費一輩子來追尋的。我認為人生的熱情來源是夢想而不是目標，通常我們想到夢想就很興奮，想到目標就很沉重、充滿壓力；夢想也因為較抽象，像是高懸生命前方的北極星，我們只要依著羅盤，可以透過不同路徑來前進；而訂下具體且有期程的目標之後，往往我們就必須掙扎於是否必須放棄在日常生活裡不斷出現在我們眼前的機緣。

持續夢想的追尋

我看到周邊有無數的朋友，從小到大很努力，把師長給的目標都完成了，可是生活過得很枯燥乏味又非常不快樂。

當然，我並不是全盤否定訂定目標對我們日常生活的幫助，而是在面對長期生命意義與人生價值的追尋時，不要以具象的目標來限制自己，至於短中期的生活安排，訂定目標的確可以有效率的凝聚我們的行動力，總之，夢想與目標兩者可以相輔相成。

我擔心的是當你們把職業選擇當成夢想的追尋，反而會喪失了生命的熱情。因為想獲得什麼工作或職業，在這個高度競爭而且產業變化迅速的時代，勢必很難如願，當一個人一而再、再而三的失敗後，造成的心理創傷，很容易就會否定自己而全盤放棄了夢想。

總覺得在這麼一個不確定的時代裡，我們根本無法算計或安排自己明確與穩定的未來，那麼就乾脆不必去計較每個努力的成果或得失，只要從學習中獲得樂趣，當然這也只有做自己喜歡做的事情才能湧現強烈的學習動機，我相信這種認真與熱情，一定會吸引或碰觸到一樣認真的人，這就是我們所說的機運與緣分，這些我們無法事先預期的機緣，將會引領我們活出一個精彩而豐富的人生。

我始終這麼相信，不管世界怎麼改變，認真與熱情的人一定能夠存活下來，也能為人類社會帶來更美好的事物。因此，我們大人不要太過於「鼓勵」孩子了，因為不得法的鼓勵，其實是一種壓力，甚至是一種恐嚇，我們應該仍然如同孩子般，對世界充滿好奇，開心地迎向未來！

偉文兄

空檔年與學習的歷程

親愛的ABCD：

想不到素來低調不多說廢話的B寶，因為要不要休學這檔事，引起周遭朋友及學校的騷動，甚至過了一段時間後，還有媒體想採訪及邀請她出席座談會，談談她的休學經驗，這些恐怕是B寶始料未及的事。

其實當初B寶跟我們說她想休學一年，我們一點也不訝異，因為知道她讀的學校科系沒法讓她像A寶一樣能到國外當交換學生，所以也很鼓勵她給自己一年空檔去看看世界。

有朋友認為，「休學」不就會浪費一年嗎？但是我覺得究竟什麼是浪費？早一年畢業晚一年畢業，有差別嗎？只要不跟別人比，就沒有早或晚的問題。人生不是跑百米競賽，比誰先跑到終點，甚至人生連馬拉松都不是，因為人生根本不是一場比賽。

我沒有太去過問B寶休學後要去哪個國家，想學習什麼課程，因為我知道她從小就會打點自己的一切，而且非常珍惜時間。記得她上高中後有一天下課回家，看她情緒很差，似乎都要哭了。詢問之下才知道，她參加社團活動，因為學姊主持會議很沒效率，很浪費時間，她因為是高一菜鳥，又不能表示什麼意見，眼睜睜看著時間虛耗，於是難過得都要哭了。

當父母有這樣個性的孩子時，哪還需要擔心她的休學會浪費時間呢？不過最後她猶豫了幾個星期，在開學前一天撤回了休學的申請，主要是來自於她選擇的學校與科系——國防大學醫學院醫學系。

其實追溯源頭，我們身為父母多少也有點責任，當初她同時也甄選上台北醫學大學跟中山醫學大學，她自個兒也到這三所學校參觀，最後自己選擇了國防大學，其實國防醫學系並不是全部都是軍校生，還有自費生及代訓生（代退輔會的榮民醫院系統訓練醫生），B寶選擇的是代訓身分，也就是畢業後必須留在榮民總醫院服務六年。

當初決定讀哪所大學，我們雖然有簡單分享自己的看法，但最後還是讓她自己決定，我們忘了提醒她，雖然讀國防大學畢業之後，身分是老百姓不是軍人，但是在學時，讀軍校還是視同軍校生，是有非常多限制的，尤其對於B寶素來興趣這麼多元，在別人眼中是很不安分的人來說，恐怕有點麻煩。

果然，她在學時因為主辦活動或者參加外面機構辦的活動，要克服軍中的保守與法規，的確在跑流程、跟師長溝通的過程中，也讓她學習到很多。

不過，在其他大學休學一年可以利用的時間至少會有十四、五個月，但是在國防大學還有軍事訓練無法休，所以休學一年，自己可以完完整整連續使用的時間居然只有四個月，再加上她正面臨醫學教育制度變革當下，科目年別的調整，因為開課與擋修的關係，休學一年會晚兩年畢業，因此，為了四個月的空檔晚二年畢業，好像有點說不過去，這也是B寶猶豫到最後一刻才放棄的原因。

整個過程我們身為父母仍如往常，完全讓她自己決定，相信她不管選擇休學或不休學，只要是思考過的，都會是最好的選擇，因為只要有心，在人生中還會有無數學習的機會。

不一樣的體驗與學習

不過，我贊成的空檔年並不是鼓勵年輕人漫無目標地遊蕩過完一年，我認為不管什麼形式，這一年的壯遊應該要有企圖心，參加挑戰高且與社會互動深的計畫或方案，藉此學到學校無法提供的二大素養，一個是探索世界培養自己的眼界，另一個是關懷社會的胸襟與行動力。

上大學後的學習，跟我們應付考試的學習完全不同，不是像背英文單字，花一分鐘背一個單字，二分鐘也許就可以背兩個單字，也就是線性的，投入多少時間就會有多少收穫。真正的學習往往像是跳高欄或爬階梯，也就是可能你花了許多力氣，但就像用力推一堵牆，毫無進度，這時就像原子裡的電子在同一個能階層跳來跳去一樣。但是，有一天忽然「開竅」了，牆動了，學習效果的進展一下子就飛躍成長，跳到另一個階層，這種開竅也可以形容成頓悟。

每個人都擁有同樣的二十四小時，差異不大的精力與聰明才智，因此，若只靠勤奮與努力，只能達到低階的起碼水準；若本身勤奮再加上能夠使用提高效率的方法與善用資源的技巧，成效就能往上進階，但是唯有理解整個趨勢與我們的處境，能清楚選擇該做什麼、不做什麼，以及確定每個選擇背後的價值判斷，才能完成人生真正的目標。

在這個機會更多、但機率更小的世界，處處有機會的意思，其實就是處處有競爭。當我們做什麼都可以，且學習資源無窮大時，選擇的能力就會比勤奮來得重要。什麼是選擇？最基本的是我們意識到當下我們每個剎那都在做選擇，因為你以為你沒在選擇，其實你已經選擇過了，你選的是「不選擇」，不選擇就是一種選擇。

有了這個時時都在選擇的意識後，你投入練習，產出技能；投入享樂，產出體驗；投入感情，產出關係；投入學習，產出認知。每個人都是自己的投資人，一早拿到二十四小時的精神與精力，晚上帳戶結算，第二天早上重新開始。

AI時代的變化

我始終相信，在這新的時代裡，安穩不變的工作已經不存在，唯有憑藉熱情，才能夠以長期的累積，產生真正的貢獻。

尤其面對未來的職業生涯，人工智慧在這一、兩年可以說是如武俠小說中的

「打通任督二脈」，透過深度學習、類神經網絡等技術的進步，以及大數據物聯網各種雲端資料庫的完備，若再加上5G通訊技術的運用，速度快，價格也低廉到所有產業都運用得起人工智慧與機器人，這將取代了無數的工作機會，只要是有規律、重複性的工作，人類就比不上AI，換句話說，只要AI做得到，勢必就會淘汰掉人，因此未來只有非常規性的工作，比如複雜的人際溝通，以及能理解並處理人的內心與情緒方面的能力，是AI無法做到的，這類型的工作勢必也會是未來最夯的職業。

我相信未來職涯會像是執行一個又一個專案，也就是有開始、有結束，會不斷改變，也就是處在永遠流動的狀態。換句話說，我們待在同一家公司、做同樣一件事情的時代已經過去了。所以每個人都會是一人公司，只是不斷地與其他公司做策略聯盟，而且因為專案是許多不同能力的組合，所以我們也要累積不同的能力，並且時時刻刻準備從A專案跳到B專案的轉變，把自己視為獨立公司的態度，就是讓別人願意與你合作，所以要不斷創造自己繼續被利用的價值。

管理學大師彼得．杜拉克曾說，「要做自己一人公司的執行長，必須先瞭解自己，像檢視一家企業一樣，以擁有的資源、流程與優先順序檢視自己。」也就是我們必須瞭解自己的心靈，也就是價值觀與夢想。再來就是興趣、能力、個性還有過往的經歷。因此，休學或不休學都不重要，有沒有漂亮的學歷也不重要，但是我們要當自己生涯的執行長，為自己的選擇負責並投入最大的熱情與努力。

第 2 篇

親情、友情、愛情，
關係裡的改變與進化

D寶

王雲安

瘋子一族

Dear ABC：

在我們三個家庭中，我爸媽應該是最搞怪的一對「瘋子」，到底有多瘋？最經典的例子，莫過於一年颱風過後，我們一家四口帶上AB寶一起去烏來秘境沖瀑布，因為沒帶泳衣，我媽直接脫掉衣服全裸下水（媽，抱歉，我不是故意要把你賣了）。今天就來和你們聊聊我的「瘋爸野媽」吧！

從小，瘋爸野媽就給予很大的自由，許多事情留給我們自己做決定，另一方面也訓練我們的自主能力：二年級後，他們便不曾檢查我的功課、不過問考試成績、有問題要主動提出來……。瘋爸總說我們家採取放任教育，但所謂放任並非為所欲為的放肆，而是即便沒有人在一旁鞭策，也要學習對自己本分內的事情負責。比起靜態活動，瘋爸野媽更常帶我們往野外跑，小時候許多假日都在山水中度過（所以「瀑布事件」絕不是偶然），也因為從小練就一顆「野」心，與大自然間的連結仍深深影響著我，直至今日。

或許是放任教育使然，我在各個成長階段都做了不少奇葩的事——不得不說，瘋爸野媽的心臟肯定特別強，才有辦法隨時接招——比如小學一年級在全班面前和老師對槓，還差點被轉班；國中畢業，拎著兩個男同學一起坐火車環島；高二某天心血來潮，決定剃掉一邊頭髮；大一還沒讀完，就宣布要休學去打工度假，到了國外還跑去八個陌生人家睡……。野媽總說我從小就很反骨，但我覺得他們該負一半的責任，畢竟有其父必有其子，也都是他們養出來的啊！

每當有人問起瘋爸野媽怎麼願意讓我一個人去歐洲，我總是笑著回答：「可能搞藝術的人，腦袋都怪怪的吧！」其實大家不知道面對第一次的分離，瘋爸野媽也調適了好一段時間。到歐洲後沒幾天，野媽就在家庭群組裡傳了紀伯倫《你的孩子不是你的孩子》這首詩，並寫了一段文字，內容大致是做父母的該如何學習放手。依我看來，這像是野媽在自我喊話，尋遍千萬個理由催眠著自己要放手，看完訊息後竟有些心疼，我們都還在學習，即便已經為人父母二十幾年，面對孩子長大仍是個需要勇氣的課題。

「你可以給他們愛，但別把你的思想也給他們，因為他們有自己的思想。……你可以勉強自己變得像他們，但不要想讓他們變得像你。因為生命不會倒退，也不會駐足於昨日。」——紀伯倫《你的孩子不是你的孩子》

即便求學階段，各個老師和同學可能都覺得我是從另一個星球來的外星人，還是很感謝瘋爸野媽的放任教育或多或少影響我成為現在的模樣，至少我很享受這樣的自己。「爸，媽，愛你們啦！」

Love, D 2018.3.

C寶

盧品潔

我的「旨」老虎媽

Dear ABD：

今天就來和你們談談我那大名鼎鼎的虎媽「翁老師」。從這個尊稱就可以顯見她在我們家崇高的地位，也能凸顯她博大精深的教育見解。大家都熟知，翁老師的教育最高指導原則便是：效率、效率、效率。她恨不得能製造出參考書濃縮藥丸，吞下了就保你考第一名；同時搭配各種才藝藥水，喝下了就鋼琴、圍棋、書法、繪畫樣樣精通。再加上翁老師頂著師「惰」獎的名號闖蕩江湖，許多家長遇到疑難雜症，就時常向她請益如何「修理」家中的問題孩童。

不過大家有所不知的是，這翁老師不過就是隻「旨老虎」。

她下旨說：「快去寫參考書，三本才夠！」但其實從未在旁監視。她又喊旨：「快去練琴，六小時才夠！」但其實從未按下計時器。好了，再說下去，我得先去隱居一陣子，畢竟「旨老虎」還是老虎，不是病貓。這篇真正的重點是想說說翁老師帶給我的影響（是正面的，媽我愛您）。

確實在我國中之前，虎媽的教育是非常極權嚴格的。學習方面，每天除了到學校上課，還有安排好的各式才藝課程。除了一般常見的鋼琴、圍棋、書法、繪畫，更有直排輪、芭蕾舞、機器人課程。

生活方面，每天有安排好的家庭時間，遇到大人聚會時，小孩也不能輕易離開玩耍，必須陪侍在側。簡單來說，食衣住行育樂照表操課，做人處事原則該打該罵，無一幸免。

進入國中後，翁老師開始漸漸鬆綁規則。當然所有的規矩原則不變，但她有時會帶頭作亂！記得我們有過學期中請假去露營爬山，也有為了去聽音樂會早退。她開始說功課、參考書別寫太多，不僅會寫笨也會傷眼睛。當時只覺得：「哎，當小孩真難，認真也被念，不認真更被念！」

但現在回頭看來，翁老師的教育精妙之處在於掌握正確時間點及嚴謹尺度。在我年幼無法自主的時候，幫我建立良好的習慣和廣泛培養興趣，知道我屬於懶散個性，所以嚴格執行每個計畫。待稍微年長後，便教我人生有許多比考第一名更重要的事，盡力安排各種活動，讓我探索人生不同的可能性（同時她還是希望我能考第一名）。延續她起頭的作亂，她甚至常鼓勵我的叛逆，贊成我追求與別人不同的價值。高中的社團活動如此，大學的選系和就業考量也如此。

所以到底「效率」執行在翁老師教育的哪個層面呢？我的解讀是她賦予了讓我能利用最有效率的方式適應冰冷無趣的社會規則，得心應手之際能去發展正常的人格和豐富的人生。雖說翁老師不免有很多自相矛盾的地方，畢竟同時扮演教練和母親的角色是很相斥的。但也就是因為她給的指引和發展空間，讓我能及大多數人所不能及。這並不代表我相比別人更成功或取得了不起的成就，但我很確信我比大多數人閱歷更豐富一點、更大膽冒險一點、更求知若渴一點，這都得歸功翁老師這種嚴謹中帶叛逆俏皮的價值觀。

至今我都印象深刻，國中公民考試題目：「請選擇下列何者為正確價值觀？A挑燈夜戰讀書。B孤立持不同意見的同學。C立志長大後賺大錢」。正確答案是A，但我因為選了C，被罰抄三遍。正因為這個社會對一切「正確答案」的荒謬，我更慶幸我有這些嚴謹應付的能力和叛逆的心思。當然，還好我有慧根，才沒被翁老師矯枉過正，賺錢之於我會多做善事回報社會。

以生命為賭注，博君一笑。

Love, C 2019.1.

A寶

李欣澄

我是媽寶、外婆寶！

Dear BCD：

喜歡閱讀你們的文章，俗話說三者成眾，而我們有四人，多多少少能透過對方的角度建構出更立體的世界。可能是我的科系不像你們那樣「專業」：醫學＆會計，我常在上完課後感到空虛茫然（好啦，用茫然是有一點誇張），覺得沒有學到什麼，哀嘆浪費自己年華青春，還不如選修愛情學分。大一常常蹺課，也落入像高中那樣不好的學習模式：考前猛拚臨時抱佛腳，考後忘。驚嘆精華的學習時間過得如此迅速，這學期我決定寧可選少一點學分，但是每一學分都花很多時間投注其中，找相關的資料閱讀，選不到的課就去旁聽。

例如旁聽紀錄片導演楊力州的熱門通識課「看的方法」，短短兩個小時的課是一堂充實無比的演講與影片欣賞。導演很會說故事，課堂中的每一句話都不是廢話，上他的課總是能滿意地微笑走出教室。比方有一次導演播放《水蜜桃阿嬤》，水蜜桃阿嬤堅毅的身影令人不捨，影片播畢在大家紛紛拿出衛生紙擦淚時，導演分享這部紀錄片在市場上放映後始料未及的後續效應，由於合作單位的募款名目未寫明確，有許多人解讀此片在消費水蜜桃阿嬤。

影片延伸出的紛擾對導演來說是一大挫折，接著他緩緩道出怎麼再找回熱情。每一堂課導演會播放一部自己的紀錄片，分享拍攝過程，以及這部紀錄片如何帶領他到下一個階段。導演的分享讓我發現每個人都是一本書，在還沒抵達終點之前，似乎也不大需要大聲嚷嚷，半強迫式的讓眾人瞭解自己在證明什麼，該來的總有一天會來的。不過能與人分享、交流，那種共鳴的感覺很美好。

C寶的文章「第二個家」我反覆看了許多次，有立馬買廉價機票飛去的衝動，一起在沒名字的咖啡店裝文青，也想入侵香港的大學當一日香港大學生，體驗傳說中的競爭氛圍。你說：「我特別喜歡獨立門戶後的生活，彷彿向這個城市宣告我現在也佔有一席之地了。」獨立門戶的生活！哇！你的這句話是一面鏡子，鏡射出我那與你相反的生活：這學期我搬回家住了！

Back to 媽寶，當起外婆寶了！

其實搬回家住滿猶豫的，時間成本不提，我猶豫著：「當然要搬出去住啊！怎能不享受自己住的自由以及和可愛室友半夜談心嬉鬧的時光呢！」心裡有許多既定的答案，一直想著要如何用美麗的方式解釋我搬回家住的理由，直到看到這句話：「當國小成為安親班、國中變補習班、家變成過夜旅館，教育也就沒有任何意義了。」

屈指一算，我那已經忘記如何度過的六、七年考試歲月，真的很多時候把家當成過夜旅館。時間軸拉往未來，如果以正常的人生走線來看，要有正當理由地賴在家裡當媽寶，巴著長輩們聽故事的時間也不多了吧（很多電影不是都演長大後，聚會地點變成醫院）。

搬回家住，最開心的是可以跟外婆上演真實版《高年級實習生》：我教她如何使用智慧型手機，變成智慧外婆，一起LINE來LINE去；而外婆傳遞給我人生智慧（雖然有很囉嗦的時候），以及最重要的教我幾道拿手好菜！

不知不覺寫了好多，最後想回應D寶的「離開舒適圈」。離開舒適圈是很夯的詞，而莊淑芬說：「我覺得人不可能把舒適圈完全放棄而去進入一個不舒適圈，大家都只是說走出去，但終究你還是要走回來，所以問題不是跨不跨出去，而是你能不能擴大你的舒適圈，讓整個世界都成為你的 Comfort Zone。」

好棒的觀念喔！畢竟，並不是每個人都像我們一樣，能沒有後顧之憂地去生活，我們是非常非常幸運的。不是離開而是擴大，閱讀、上課、看電影、參加活動……，都能擴大我們的舒適圈，並且也是要一直提醒自己像莊淑芬所建議的：「不單只是為個人成就、心靈成長，而是也有責任的，認識世界、瞭解土地！」

Love, A 2015.10.

A寶

李欣澄

畢業旅行：一起從關係裡畢業

Dear BCD：

結束一個長途旅行，對我來說是趟畢業旅行，從跟父母的關係裡畢業。剛退休的媽、各種忙碌的爸、國考前的妹，來找即將畢業的我，認識我在芬蘭交換認識的朋友，走了趟冷冷的北歐與充滿金屬濾鏡的陽光西班牙。我和妹帶玩，爸媽則成為跟在後頭的小孩。

這不是一趟普通的旅行，我們各自面臨自己的下一關，而包辦整趟旅程大小事的我，因為對緊接來到的各種不確定處於既壓力又興奮的緊繃狀態。事前非常開心他們能來，或許提供些經驗給我。妹本身就是一個笑話，每天不是在講笑話就是在鬧笑話，旅行總在各種笑鬧中度過。

某天，我們在找路，因為沒買無線上網，airbnb的網路也壞掉了，每天小心翼翼使用網路。站在十字路口比對手機找路，我看到跟在後面、不停驚嘆巴塞隆納每戶陽台設計的爸媽在那東指西指，我隱約感覺到，世代與責任的轉換在悄悄流動。

可能是看著爸媽整天跟在我們後面，十分依賴我們的樣子，妹妹有一天竟質疑起爸媽問道：「爸媽你們有沒有冒險過？」被質疑的爸媽不甘示弱地回答：「結婚、生小孩就是很大的冒險。」妹馬上反駁評論說，「對我們這一代人來說，結婚才是一種冒險。」因為爸媽那一輩的人多數都有結婚，不結婚的是少數，所以當時不結婚才是一種冒險。

妹近期關心移工議題，一路上拿著印尼文字典在背，並滔滔訴說自己的各種計畫。爸媽跟我們過著有預算的旅行，排博物館免費的入場時段、到超市買菜、初體驗住青旅……。爸媽覺得新鮮，我們笑他們不敢說不好玩，因為怕被放生。此後，我和妹做的選擇，不再以爸媽的意見作為唯一參考。當然不是所有的時候都像照片那樣充滿歡樂，也是有衝突跟對話，有以下的心得：

無法再給建議，就用聆聽取代

幾次談到彼此的未來忽然發現，父母的人生經驗與意見對我們來說可能不太有用。「你都是去哪找這些資訊？」提問者改變了。很驚喜，他們正學習用新思維取代舊觀念。「你不要壓力那麼大，活下去沒問題啦！」「你太誇張了，不要那麼省，我怎麼把你養成這麼省。」只剩這些可以叮嚀的，感謝兩老在心裡慢慢挖出一個地方接納新知，不陷在傳統裡，也希望你們接納新知的洞愈來愈大，哈。

有快樂的爸媽，才有衝勁快樂的小孩

就像談戀愛，當雙方把自己過得很好的時候，彼此的愛才是成熟的。我們必將目睹父母在老去的事實。希望他們繼續把自己過得很快樂、很健康，並為我們的快樂感到驕傲。於是，我們從被帶出去玩的小孩，長成在前面handle一切的人。從關係裡畢業，到下個階段。

Love, A 2018.3.

A寶

李欣澄

我想遇見你們的人生

Dear BCD：

「我也好開心看到你在歐洲為自己人生勇敢的成果，更開心能跟你分享這個改變我人生的地方。好期待下個四年後，我們會在哪？過什麼樣的人生？但我知道無論在哪，我們都還能像那天在海堤聊到忘我。」一回到台灣一下飛機，看到C寶傳來的訊息，紅了眼眶。

歐洲交換的最後一站，我趁著轉機，在香港停留了一個週末。終於到C寶生活、學習的地方，從她的視角看香港。C寶是個盡責的地頭蛇，我們在小巷穿梭找尋最道地的小吃，在小小的租屋處俯瞰來往為生活拚命的人們，C寶說著她的新工作，她過去一年曾有的迷惘與努力。有一晚，我們散步到租屋處旁的港邊，就這樣吹著風，忘我地聊到凌晨。

在一起成長的朋友如此珍貴，因為我們可以感受到內心的衝撞，同時懵懂的人生信念，也在一次又一次坦誠地交談裡清晰。每次對話後，我總會想，我好想遇見你們的人生。隨著我們進到不同領域，有著不同專業後，每次聚會總是能感受到彼此的成長，也從對方的眼裡看到不一樣的世界。你的目標是什麼？未來你要幹嘛？身為姊妹，總會逼問對方最核心的問題，我們總是不斷在詢問並質疑彼此是否有偏離最初的初衷。

D寶說：「我仍天真地相信興趣可以是工作，即便不是正業也能培養成副業。人生在世短短幾十年，沒有太多時間讓我們浪費，我不希望有一大半的時間都做著不喜歡的事，在闔上眼的最後一刻，才後悔自己沒有好好活著。」

哎啊，D寶就是這樣地率真與浪漫，我們總笑她是「王校長」。以後生了小孩，一定要送去D寶的學校。而相反的，C寶說：「和當前主流價值觀背道而馳，我個人並不完全贊同年輕人必須找到熱情、興趣，才能豐富精彩。多數時候應與之相輔相成的努力被嗤之以鼻，但沒有執行力怎麼成事呢？話說回來，在沒有盡然瞭解一件事前，你怎麼能確認這真是你人生的『使命』呢？」極度務實主義的C寶會這樣說，也不意外了。

寫這篇文章的此刻，也當了半年的社會新鮮人，在具體的奮鬥中站穩了幾步，學得愈多愈覺得自己不足、愈在乎自己的真誠，提醒自己別忘了懷疑與質疑。提醒自己眼裡還要有光。

謝謝所有讓我砍掉重練的機會，謝謝所有的信任與機緣，謝謝與我一起並肩作戰的你們。我想遇見你們的人生。

Love, A 2019.3.

C寶

盧品潔

致姊妹

Dear ABD：

學期將近尾聲，這一個月來，我每天被當日的「死線」追著跑，實在無力當假文青，思考生命的意義。正逢今天是A、B你們兩姊妹的生日，我就來個感性抒發吧！

常有人語帶興奮、眼神透露出羨慕的問我：「你認識A、B寶啊！」雖然我總想揭發你們私底下不為人知瘋狂的一面，但我還是稱職的做了最佳經紀人，讓你們在小粉絲心中保有一定的形象。但其實不是我自私不和他們分享你們的好，只是我們幾個之間二十年緊密的連結，豈能用三言兩語概括呢？從炫蜂團時期一起玩遍大自然、認識世界，到升學階段的讀書奮鬥都有你們的陪伴，沒有濃情蜜意卻細水長流。「君子之交淡如水」，我想我們是有做到幾分像的。

或許我還未找到自己人生的使命，但可以確信這段友誼是我最寶貴的資產。若真有人要我用一句話概括我們的友情，我想我會這麼回答：「我們是連生日祝福都能省略的朋友」。這該多難得！顯示我們真是用各自的心在相處，不計較表面形式，更不在乎這段友情的得失。

天涼了，找時間我們到山上打棒球去吧！

Love, C 2015.11.23

姊妹這檔事

Dear ABC：

關於我們的故事，該從何說起呢？不是毫無頭緒，而是好像不論從哪段開始，都有不同的精彩。每每和他人介紹我們是童年玩伴時，都會得到驚呼連連的回應，「你們一直到現在感情都還這麼好喔？」好像有條線冥冥中將我們的心牽在一起，就算一年只見上幾面，每次相聚仍能依偎在彼此的擁抱裡談天說地。

你們都還記得嗎？小學某年暑假我們輪流到各自家住，去C寶家的下午，我們一起洗愛玉，到最後只剩我一個人努力搓著紗布裡的愛玉籽，結果隔天所有人都拉肚子（別再拿這件事笑我了，現在我可是個大廚！）。高一參加公益旅行，第二週的星期六晚上我跟A寶吵到不可開交，B寶還在一旁無奈地問我們為何這麼愛吵架（正所謂不打不相識！）。雙方僵持了一段時間後，還是都各退一步，雖然已經忘記過程怎麼解決，但我記得最後我們給彼此一個大大的擁抱，所有不愉快就在這溫暖中化解。大一的小琉球之旅，我們並肩坐在海邊聊著人生，映著夕陽餘暉承諾每年都要一起旅行……。

就像C寶說的，「我們是連生日祝福都能省略的朋友」，更別說是什麼伴手禮、紀念品了，這些形式上的東西毫不重要，只要裝載滿滿的故事回來分享，就是給彼此最好的見面禮。交換日記的開始，正是因為比起物質，我們更喜歡心與心最真的溝通。多少朋友在長大過程中漸行漸遠，很感激這一路上都還有你們相伴。試圖想尋找是什麼樣的元素構成這段關係，但是這之中存有太多的無法言語，唯一能確定的，就是如果沒有當時的你們，就不會有現在的ABCD。朋友兩個字實在不足以形容這段情誼，所以我們總以家人、姊妹相稱，這種默契我們自己懂也足矣！

找個時間再一起去旅行吧！

Love, D 2018.8.

B寶

李欣恬——You are never alone

Dear ACD：

沒想到是我第一個跟D寶見到面耶！

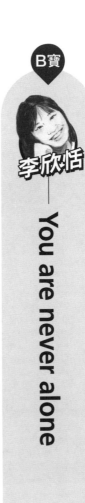

快要一年不見，讓被困在火車上的三個小時也變得異常美好。我們約在有各種商店美食街的大車站Brussel midi，要一起去全球第二有錢的國家探險。「剛剛我把盧森堡的維基百科全部看完了，他們的castle從九六三年開始喔～」這是我唯一做的功課，所以興奮的跟沒有做功課的D寶炫耀，「這是我去之前布魯塞爾的歐盟日拿的Luxembourg資料。」D寶不甘示弱抖抖兩份DM才塞進背包。看來我們平分秋色了。

盧森堡是一個我背到「荷比盧」才會想到的國家，一點概念也沒有，三個小時間扯互相嘲笑聊生活，「咻」就到了的一個神秘國度。中央車站就像許多歐洲火車站一樣古老，青藍屋頂點綴的石磚建築在玻璃大廈銀行間，其實也不會多寂寞，新舊建築交錯，錯亂的想像這曾是美德亞爾當戰役發生的土地，曾首先和比利時聯合的聰明政體，曾是各種結盟的創始成員，錯亂的耳邊響起紀念戰爭的《In Flanders Fields》旋律，錯亂的浮現一戰的標誌紅色虞美人花（poppy），接著一個印度人、一個中國人、一個黑人、一個金髮小男孩，走過你身旁。世界變動何其錯亂，如同我們竟然會在盧森堡一起睡覺一樣令人驚奇。

最後我們都還是沒有搞懂為什麼盧森堡這麼有錢，因為我們都沒有WiFi了。不過，從盧森堡市區到Larochette Castle的草原小丘像棉被、像波浪、像友情，細緻的緩坡時而帶著點微妙的刺激，從都市轉進鄉村的房子，從土黑藍變七彩加牛奶色，乳白、乳橘、乳紅、乳藍、乳紫、乳黃色，光是看公車開過一個個聚落就是經歷一場色彩饗宴，好像在教你調色盤的使用守則，一次不得使用超過兩種色系是社區公約，這些，我們一起看見了。

盧森堡似乎有名的地方是很多很多城堡，我們就住在城堡邊。城堡廢墟很美，爵士樂一陣陣從橘黃石磚間射出。生活在古蹟中是什麼樣的感覺？有一家人把帆布鞋子晾在窗戶外面凹進去的地方，就在城堡之下。「你想當歐洲人嗎？」我問，看著你用法文問路（雖然有時還是要再用英文問一次XD），然後指著紅灰火車說那要去德國的，另一台黃藍的要去荷蘭，拿出跟Eurail Pass相比，超級便宜的當地火車套票，但其實我們都拿出原子筆在謄車站站名，「會吧。」哇，慘了！你被同化了，「台灣也不錯。」世界是平的我，趕快把天平拉平。旅行就是會激發出這種毫不實際充滿假設性的想像，可能這也是travel hard的重要性吧。

「你覺得你出來一年很值得嗎？」人類總太愛計算價值，但我還是問了。「是吧。」不知道會知道什麼大概就是出來的最大價值。「我知道世界很大，但我真的看到世界有多大，這不太一樣。」你說話愈來愈有詩意，難以理解。「至少要待一年吧，才能真的跟著當地一起呼吸。」你以為你還在寫歌嗎？啊，對了！你的第二首歌都還沒唱給我們聽。彷彿能感受到你胸膛的起伏，這一年來積累的不知道藏在哪個Belgiam fries、waffel、chocolate記憶體底下的中文字，硬生生的擠出。「應該要看過一個地方的一年四季吧。」哇噻，你簡直可以寫旅遊手冊了。

「有沒有你大學同學看到你要回去說什麼？」不知道要問什麼的時候，蠢問題就會跑出來，「沒有啊。」突然想到了你之前寫過一篇文章名叫「你改變了嗎？」，我照抄過來反問你，反正我們都忘記你之前寫了什麼，也沒有WiFi，「變得更自己了吧。」自己就是自己啊，你在說什麼，好啦，其實我懂，就是我不懂你有沒有改變你也don't care吧。「你這一年裡最有成就感的一件事是什麼？」我開始打最blablabla的安全牌，「一個人吧，做所有的事。」嗯，這次青年旅館是我訂的，交通是你查的，挺公平的。「那你覺得最困難的一件事是什麼？」難不成沒有，你想了好幾秒，「吃東西，點一份都吃不完。」看來今天我幫你解決了你的最大困擾，幫你吃掉了一半的pizza。

「其實不管用任何種方法，一定有方法在國外生活一年的。」中文退化了你。「教育部有一個東西可以申請你知道嗎？我們學校交換學生名額也太少了……」我相信走出去的人一定有一串神奇的名單，列滿無法想像的生活樣貌。「我可能之後畢業前再出去一年吧。」喔喔喔~把普通大學念成醫學院，已經快要趨近我理想中善用大學的極致，念一年交換一年，念一年交換一年，念一年交換一年。我想遇見你的人生，不只是在火車車廂塑造的魔幻時空。

Love, B 2016.6.

B寶

李欣恬——平行四邊形

Dear ACD：

我的大學日子與你們的最大不同，也許在於我們學校同一屆兩百多個人都要住校，因此我有機會仔細觀察與我生活三年的室友。這篇日記不是想追獵什麼辛辣狗仔新聞，只是想記錄彼此陪伴的生活，互相導航的細碎話語，以及成為彼此的平行四邊形的感觸。

室友甲是小辣椒，對人、對事、對觀點品頭論足，對小事、無聊事、天下事猛烈褒貶，比前幾個髒話更麻辣的是，她緊接在後的論述。室友乙是番茄汁，無害開朗親切而老少咸宜，替平淡增添各種小驚喜，就是那種明天就會忘記，但當下樂趣無窮卻說不上來的小樂子。室友丙是鹽巴，不可以太多卻是必需，有時神出鬼沒，有時又顯而易見，處境複雜又單純，生活就像二極體，午餐鑽到人群裡談笑風生炒熱氣氛，晚餐目光茫然空無旁人的嚼著孤獨的韻味，你深感錯亂卻又似曾相識。室友丁是白開水，靜靜的調和享受著這過分不勻稱的詭異滋味。

室友甲總用句號結束每一句話，容不了你插嘴，事情就是這樣，已成定局，那說出來幹什麼呢，也許只是爆炸多的想法不小心自己溜出來透透氣。室友乙總是用上下引號開始每一句話，把陌生人引進你的生活圈裡，也把你引進她廣闊無邊的括號裡。邀請你參與陌生人生活裡的小細節，你更不知道自己什麼時候被塞進哪些人的牙縫裡頭。她讓你不得不相信傳說中世界上任何人連六次沒關係的都有關係了。室友丙用問號無情的審視著這些句點和引號，雖然拋出的問號動搖不了也拆解不了室友甲跟室友丙的篤定和風格，就像閃電打雷沿著避雷針接地消失，閃電仍舊帶來意外精彩的夜空。室友丁不太說話，話語都奉獻給了矯揉造作的文字，編寫杜撰著合自己胃口的另一話小說續集。

室友甲最認真，是個標準的十二十二族，十二點起床趕赴科學小新知，也不知道到底是真聽懂還假聽懂那些中英夾雜，國內外有名不有名的教授們口裡的腫瘤細胞蛋白分子基因序列，接著消失遁入異次元埋首努力挖掘知識，最後在午夜十二點月黑風高之中踏回依然明亮的寢室，咕嚕咕嚕吐出一點消化不全的新知。

室友乙最有趣，平常沒有固定行程，但幾乎天天都有事，最喜歡突發狀況，最愛突然被揪，更愛突然揪很多很多人，熱情躁動的靈魂、最喜歡的姿勢，讓人傻眼，竟然是蹲大便（的姿勢）在寢室的垃圾桶旁邊，屈服於牆角邊的手機充電器和噗噗噗噗不完的訊息海裡。

室友丙最真誠，睡過頭、神情緊張、上課到一半，突然轉過半個頭給你一個很誇張的微笑、在床上滾來滾去滾成一團棉被，害你忘記叫她醒來上下午的課、用緊湊的生活換取健身運動片刻的靜默清靜、如潮的考試來回波動她生活鬆緊的幅度和考後的自省與激勵時光。

室友丁最自閉，是個只愛書的魚乾女，從早到晚就是一直看、一直忘，一直看、一直忘，被室友甲嘲笑著到底是在趕什麼火車，對國庫很有貢獻，罰了很多逾期罰款，偶爾出去運動才會改變姿勢，希望寢室沒有訪客，因為一有訪客就代表有什麼活還沒幹。

「其實分析別人的性格是沒有意義的，」某天室友丁突然領悟到，因為每個人都是如此不同，而每個人的不同又無時無刻在變化著，「但如果把它視為一種娛樂是可以的。」室友乙補充。接著室友丙開口：「如果他是你關心的朋友那也行。」「像我就會研究對我關心的人有影響的人。」室友甲說。

室友甲住很遠，不常回家，倒是偶爾住別人家。室友乙把哪裡都變成了家，也常把人帶回家。室友丙住很近，總在奇妙的時間回家，奇妙的時間不回家。室友丁把自己的家形容得很遠，但實際上也沒多近，愛家但沒有比較不愛玩。室友甲躲起來念書念得很厲害後，回來吵室友乙丙丁製造緊張氣氛。室友乙不怎麼念書，但神奇的是對於求知的心沒有比較低落。室友丙念書CP值最高，劈哩啪啦唸個通宵咒語就會平安過關。室友丁每一份講義要念三次才安心，第一次欣賞，第二次跟它混熟，第三次勉強記起來。

室友甲有很多怪朋友，那種可以一起做怪事、正經事、惡作劇的朋友。室友乙有很多很多朋友，那種像是奇怪的糖果店裡面五顏六色各種口味。室友丙有很多知心朋友，那種你無法理解的笑話明明沒哏卻笑得很有哏的朋友。室友丁有很多老朋友，散布在幾十年前幾百年前幾千年前的時光長河裡。

室友甲的爸媽從來不管她在幹嘛，室友乙總是拉室友甲丙丁下水，用無腦小影片給爸媽報平安，室友丙的手機在考試完和室友甲乙丁在奇怪的時間躺在床上補眠的時候響鈴。室友丁的爸爸則是用搶先看，告訴室友丁的室友甲乙丙他在幹嘛。

室友甲相信著獨自闖蕩的自信，室友乙踏實的過著平安喜樂的每一天，室友丙落實著每天進步一點的期許，室友丁用無可救藥的樂觀看著無藥可救的悲觀世界。

室友甲乙丙丁有時候忍不住對彼此嗆聲。「我完全無法理解為什麼有人願意花那麼多時間社交。」某天甲跟丁很困惑的問室友乙，「到底是要聊什麼可以聊這麼久？」室友乙於是用水汪汪的大眼睛仰向四十五度萬里無雲的藍天答覆。「那看那麼多書要幹嘛？」換成室友乙跟丙質問著甲跟丁，扶了一下傾頹的書牆，皺眉，「不然要幹嘛？」異口同聲。都不運動的室友甲對著天天健身的室友丙狡黠的念了日本人寫的養生書，「不運動才會活得長壽」。但一溜煙，室友丙結實的小腿肌又帶她回到重訓室。

「其實干涉評論著別人的生活是沒有意義的。」某天室友丁突然頓悟。因為你不可能真的完全知道別人在做什麼，就算知道了，也無法丈量別人做了什麼對他的意義。「但如果是當作一種風景參考是可以的。」室友丙說。「但你不會覺得當別人把你考慮進他的生活裡是很浪漫的一件事嗎？」室友乙激動地說。「天啊，你們怎麼可以每天討論這種五四三的，浪費時間。」室友甲說。「像我們不需要討論這種東西，都內化了。」

室友甲大概是想做個成功的人，但Woody Allen說：「If you're not failing every now and again, it's a sign you're not doing anything very innovative.」室友乙大概是想好好地成為上帝的子民，但Woody Allen說：「If you want to make God laugh, tell him about your plans.」室友丙大概是想做好最真實的自己，但Woody Allen說：「My one regret in life is that I am not someone else.」室友丁大概是想做個正義的好人，但又被Woody Allen嘲笑了：「There are two types of people in this world: good and bad. The good sleep better, but the bad seem to enjoy the waking hours much more.」伍迪．艾倫真的不是一般的搞笑。室友甲乙丙丁的生活也不是一般的滑稽逗趣。

「我真的很少討厭別人耶。」室友丁說，每個人都很可愛啊。「我是很兩極啦，就是會很討厭或是很喜歡別人。」室友丙說，也不知道為什麼耶。「幹嘛喜歡別人啊，我就很少會喜歡人啊。」室友甲說，畢竟喜歡或是討厭別人都很麻煩啊。「一起一起，大家都是朋友嘛……」室友乙說，室友乙最不怕的就是麻煩了。室友甲乙丙丁很難有取得共識的時候。但就算被批評、被讚美、被指點、被嘲笑、被嗆聲、被喜歡、被討厭，好在室友甲乙丙丁都還是很糟糕的那個室友甲乙丙丁。「如果現在有個流星飛過，你們要許什麼願望？」室友乙問。「小姐請問你是韓劇看太多了嗎？」室友丙馬上瞪大眼噘嘴搖搖頭，「幹嘛一定要許願望？」室友乙鍥而不捨，「難道沒有什麼夢想之類的？」「你幹嘛不自己先說。」室友丁也眨眨眼，「我沒有夢想，只有目標，因為夢想就是指達不到的，我會達到。」哈哈哈，室友甲竊笑完終於開口了，「怎麼想那麼多那麼複雜，我的話就是等一下出去這家店可以撿到十塊錢嘛。」但話還沒說完，室友乙丙丁就毫不客氣的表示唾棄，室友甲又想敷衍了事。

室友甲乙丙丁沒有什麼共通點，除了都是古靈精怪、各懷鬼胎的老么，彼此揣測觀察照料餵養度日，是四條平行線，受著監獄一般的寢室圍困而聚，一起摸索著自己曾經、現在與未來的容貌，也漸漸發現成熟或許就是理解到每個人都有各自的難言之隱，難隱之言，然後幽默而溫暖的擁抱彼此。

這是不入流的小說，也可能不是。

Love, B 2017.1.

A寶

李欣澄

愛啊哎！

Dear BCD：

我不太常在臉書發打卡文，第一次打卡獻給想念的TEDxNCCU，打卡抽獎，意外得到一本有趣的書：《好男人是調教出來的》。送這本書的人附了一張卡片，上面寫著：「因為它，我把小菜調教成天菜，希望能造福其他男女。」真可愛。拿到當天很興奮，下午上課時便迫不及待看完！跟朋友們分享，發現大家對這本書的興趣與需求滿高的哈哈，於是有了這篇心得，希望這篇文章對正在修愛情學分的人有幫助，也藉此提醒自己，在新的一年，繼續好好愛身旁的人！

聽到愛情，我們都會露出神秘一笑

記得有一陣子，很多有關愛情的新書，書名會加上類似「學校沒教的愛情課」的標題。學校沒教的愛情課？看多了，有點不以為然。我覺得愛情這東西本就是教不來的，它需要很多的溝通、很多的包容與磨合，也需要一顆成熟懂得先愛自己的心，學校不用特別開一門愛情課，但是要教我們如何成為一個更完整的人。不過在亂Google的時候，看到台大開放式課程有門「愛情社會學」很夯，在台大是一門擠破頭的課。授課老師孫中興教授很好玩，課堂中有半數時間在回答學生的問題。學生傳紙條給他，上面滿是犀利、令人困擾的問題，教授回答的也很犀利、快言快語。在一篇報導裡，孫中興教授說，他發現來現場提問的問題幾乎沒什麼改變。顯示多數人對愛情有很多困惑，並非成千上萬探討愛情的書籍可以解決的，因為愛情是多變化的主觀經驗。

更有趣的是，課堂上他會自掏腰包買雞蛋，要每位學生二十四小時照顧一顆蛋，為期一週，比擬經營自己的感情一般。一週過後，學生的雞蛋們狀況百出，有的甚至當場就打破，有的被媽媽拿去煮了，一百個學生裡面只有大約十個學生能好好照顧他發下的蛋。教授說：「如果這是他們對愛情的態度，也難怪多數人會不幸福了。」

其實不只是愛情，面對親情、友情也是需要經營的。我好像有點扯太遠，回到這本書，「好好、用心」經營感情，也正是這本書的主旨。

《好男人是調教出來的》英文書名How to Raise a Boyfriend。小標：四十五個相處之道，讓他不踩妳地雷。作者為蕾貝卡．愛柯勒，她是加拿大的記者和作家，點進她的個人網站，從她粉色鮮豔的網站，便可以大概猜測作者的特質與寫作性質：搞笑自嘲、很開放、寫兩性寫教養。作者文筆流暢（毫無冷場）、感覺交過一打男友（甚至兩、三打都有可能，書裡旁徵博引，感覺她各種型的男友都交過：文青男、商業男、暖男……）、狂談性（亞洲社會真的對這塊比較保守，比如社會多半認同婚前性行為是不好的。記得暑假在義大利跟設計師Giorgia聊到這塊，她對我們「婚前不可性行為」感到不置可否，睜大眼驚訝的表情令我印象深刻）。

為什麼要寫這本書呢？

蕾貝卡看遍各種小孩的搗蛋行為，可是她就在自己的前夫、歷任情人、朋友的男友、老公身上，看到遠比六歲女兒還幼稚的行為。「如果能教養出好小孩，當然也能教出好男人。」（嗯。哈。）

然而，本書傳遞的最重要觀點是：「本書的重點不光是調教無知的男性，事實上我們女性一樣有問題。我們不善於告訴他們我們需要什麼、希望他們怎麼做。我可以輕易要求我女兒請、謝謝，要她收拾好自己的東西，可是卻無法開口要求我男朋友說些甜言蜜語，或收拾自己的爛攤子。」（看完這段也就可以省略以下了。）

一段關係中的很多不開心多半出在「期待」這件事上：

期待對方打給你關心你……

期待對方要表現的像我們所期待的……

期待對方給你驚喜……

然而大多數時刻，這些期待是建立在自己的觀點上，我們在心裡偷偷設下這些期待，當對方沒有達到期待，就在心裡內傷然後把情緒放大，影響兩人關係。另一方可能會覺得莫名其妙，我明明對你很好，你幹嘛這樣？若是在適當時候，把期待告訴對方，好好溝通，爭吵大可減少一半。

這本書的可看性在於，在羅列的四十五個相處道理裡，每件事有五個不同人的觀點。除了作者外，還有她的心理治療師、她慧黠的美容師荷蓮娜、她前男友的真心話大告白（作者真的為了寫這本書打電話給他們，於是多了些有趣的男生觀點）以及作者好友的完美老公，被稱為極品人夫的觀點。

以下是書中我覺得有趣的零碎片段或是句子：

天底下沒有一個完全依照你想要的標準打造出來的男人等著與你相遇，只會有個為了讓你們可以繼續相處下去，而願意調整自己的男人。

照顧關係最重要的是觀察能力和語言能力。觀察對方眉目之間、一舉一動之間是不是有異樣，然後在第一時間發送關心：你怎麼了。

我喜歡兩人相安無事的安定感，但不喜歡那種感覺交往後好像衣服被買下來放在抽屜裡，連看一下、摸一下都沒有的拋棄感。

一句讚美可以讓我愉快地過兩個星期。——馬克．吐溫（他甚至不是女人）

我不但喜歡被愛，還喜歡有人告訴我他愛我。——喬治．艾略特

想要跟男人快樂過日子，你要愛他少一點，懂他懂一點。想要跟女人快樂過日子，你要愛他很多很多，但別想弄懂它。——美國作家

最後她總結：「我發現女生的標準真的很高，有時候自己才是必須放手的那位。」

寫到這裡，想起了我看過最好看的愛情電影：《當哈利遇上莎莉》。推薦大家可以看看，這是滿老的電影了（流行戴大框眼鏡、爆炸頭的年代），導演用很多的辯論與衝突來探討男女之間有沒有純友誼的存在。

腦海裡也浮現夏威夷古老的歌。最主要的歌詞只有三句話：「I'm sorry,

please forgive me, thank you, I love you.」還記得第一次聽的震撼與感動。愛就是這樣吧，對不起我還不完美，請原諒我我們會一起變得更好，我愛你，謝謝你與我一起成長。

記得電影《征服情海》裡，湯姆．克魯斯對女主角說出了經典名句：「You complete me.（你讓我生命圓滿。）」這句話觸動多少人的心，讓人為之魂盪！然而如果真相信找到靈魂的另一半，生命才能完整，那麼就已注定永遠的缺憾。每個人都是獨立的個體，不應該是一半一半相合為一，而是一加一大於二，而在這「運算」過程中，重要的是鼓起勇氣，把內心真正的期待與想法好好說出來。

不管是對情人、朋友還是最親的家人，都是這樣的吧！心得完畢！又是嶄新的一年了，大家新年快樂！

Love, A 2016.1.

D寶

王雲安

分手後還是朋友

Dear ABC：

哈，看到標題，你們應該都嚇死了吧！放心我好得很，只是想和你們分享最近聽完幾位朋友的故事後的一些想法。

我沒有豐富的戀愛經驗，卻莫名其妙常常當朋友們的愛情顧問（我也很納悶為什麼會找上我），搜集了各種愛情二三事之後，我發現在愛情這個「坑」裡，最難的就是兩人間的相處。

「談戀愛就像跳雙人舞」，我很喜歡這個說法，兩個人踩著相同節奏，可能一開始需要時間先熟悉彼此或大或小、或急或緩的步伐，過程中勢必會踩到腳尖、相撞、跌倒，只要一方穩穩抓著，就能重新踏回原先的拍子。但當雙人舞變成兩個人的獨舞時，舞技再怎麼厲害也對不上腳步，至於如何好好鞠躬結束這支舞，又是另一門藝術。

關於分手，有朋友曾形容這就像畢業，學成後就得進入下個階段繼續學習。也許早就預期這一天的到來，卻還是在最後要離別時，不爭氣地落下淚，因為彼此都心知肚明，不知道說完這聲再見何時能再見。說不想念是騙人的，畢竟一起努力的那些日子是多麼美麗又真實，只是又如何呢？也只能在沒有彼此的生活裡繼續認真過著。

S是我在歐洲認識的朋友，生活在異地的我們一拍即合，很快就成為無話不談的姊妹。某天S傳訊息跟我說，經過多次深思熟慮和反覆溝通後，她和交往多年的男友分手了。

那段日子我們一起去旅行、到酒吧小酌、做各種台灣料理……，度過好多個促膝長談的夜晚，可以說是療傷，但我更想形容為一趟重新學習和自己相處的旅程。回到台灣後，我們約出來見面，S說她在一次朋友的聚會上遇到前男友，那個晚上他們坐在中正紀念堂的階梯上聊了好幾個小時，笑談著過去、現在、未來。S說她沒有預期再次相遇會是如此自然而平靜，好似回到最初還是朋友時可以很舒服地聊天，也很開心知道前男友現在過得很好，感謝有他參與曾經的那些光景。

多數的分手都很痛苦，但在我的世界裡，分手後還能做朋友，當然不是說分完下一秒馬上變回朋友，人總需要時間沉澱和消化，短則一、兩週，長則兩、三年。有的人會在分手後狠狠怒罵、詛咒對方，我不明白，如果真的曾深愛過，為何前一天還是夢中情人，分了手就變成野獸？

面對措手不及的離別，我們都要再學習更理性沉著。可能要多跳幾次雙人舞，我們才會明白有時愛一個人並不是擁有他的人生，而是祝福他能找到幸福，也相信自己會尋得更合適的舞伴。縱然會不捨，但等到再次相遇時，我們都成為更好的人了。

Love, D 2017.10.

偉文兄

被看穿的「旨老虎」

親愛的ABCD：

看了C寶寫的「我的『旨』老虎媽」，在捧腹大笑之餘，也不禁讚嘆C寶的幽默慧黠，更是把父母親的心機給看穿了。同時也羨慕「翁老師」在家享有的崇高地位，哪像AB寶在人前人後都沒大沒小的直呼我的名諱：「偉文兄！偉文兄」，跟我平輩論處了！

我跟翁老師認識非常久了，早在翁老師當老師之前的學生時代，我們就都是同一個童軍團的夥伴，彼此各自成家立業之後，也都還是童軍團的志工，所以C寶與AB寶真的是一出生就認識，一起長大一輩子的老朋友，雖然D寶晚了一點，是在小學三年級你們參加荒野保護協會的親子團時才結緣，但是對絕大多數人來說，從小學至今沒有間斷過的聯繫，也是非常難得的因緣了，我想，這個部分或許也得歸功於你們的父母親彼此都是好朋友的關係吧！

不同角色的拿捏與平衡

記得你們在小學的暑假，四個人一起輪流到彼此的家裡住宿，輪過一圈後，我問AB寶對C寶與D寶的父母教養態度的感想，只見她們異口同聲的說：「C寶好可憐，虎媽的要求太嚴格了，好可怕；D寶的父母好開放，簡直比D寶還愛玩！」經過十多年再回首看你們的表現及與父母的關係，就可以很清楚的瞭解，父母要求表象的嚴格或寬鬆或許不是重點，反而是親子之間的互信與親密感，才是最關鍵的教養秘訣。

不過，就像翁老師這隻被看穿的紙老虎，也象徵了父母的為難或者矛盾吧，簡單來講，父母始終徘徊在教練與父母這兩種角色之間而猶豫不定。所謂教練就是要逼出你的潛能，因此用嚴格甚至不理性沒人性的方式，讓你流汗、流淚、甚至流血，逼你挑戰自己的極限；而父母的角色是用全然的支持與包容當孩子的避風港，唯恐孩子受傷。

但是C寶如今也已看出，虎媽在國中之前嚴格的照表操課，甚至該打該罵無一幸免，但是上了國中到了青春期，就開始變成「旨老虎」，除了鬆綁規則，甚至會帶頭作亂，的確這個順序是很重要的。

常有人會問我，你們有沒有經歷叛逆期？當我說沒有時，他們似乎都覺得奇怪：「不是每個人進入青春期都會用叛逆來證明自己的成長與獨立嗎？」有時候我會簡單用類似C寶的觀察，半開玩笑的回答：「我們身為父母親常常鼓勵孩子叛逆，甚至我們自己比孩子還叛逆時，她們在我們眼中也就沒有什麼叛逆不叛逆了！」

其實C寶說的：「翁老師的教育精妙之處在於掌握正確時間點」，這是非常重要的關鍵，也是我在講親子教育主題的演講時，會特別強調的。很多家長聽專家的話，認為「要做孩子的好朋友」「要尊重孩子」，所以什麼事都跟孩子打商量，都讓孩子決定。可是一個三、五歲，甚至十來歲的孩子哪有能力想到未來，知道什麼該做什麼不該做？人格發展理論主張，十歲以前的孩子屬於「他律」的階段，也就是必須由外在權威進行約束與指導，自律能力必須在大腦逐漸成熟才能發展出來。

從他律變自律

簡單的說，小小孩若沒人教沒人要求，基本上是依本能過生活，所謂生物本能就是活在當下，能吃就吃能喝就喝，若以文明角度來評論，就是好逸惡勞玩樂取向。所以翁老師在C寶小學階段的勤加管教，無非是希望克服人的天性，養成好的習慣。到了青春期之後，一方面已有自律能力，另一方面也是人開始嘗試獨立，從父母轉向同儕，建立屬於自己的群體生活圈，因此就要慢慢放手讓你們自己決定，為自己的選擇負責。

「旨老虎」之所以持續降下聖旨，當然是教練心情作祟，希望你們表現得更好，但一方面又不會真的嚴格執行這些指令，因為父母的心情讓我們知道，人生除了當下的學業成績之外，其實還有其他許多更重要的事。

相反的，若是這種「寬與嚴」的時間順序沒拿捏好，下場恐怕就很慘。比如說，小孩時沒規沒矩、沒大沒小好像也滿可愛的，玩具不收或者玩到半夜不睡覺，反正三、五歲，甚至七八歲都還沒功課壓力，感覺好像也無所謂。

可是到了國中，當孩子通宵玩電玩、打電話，跟朋友遊蕩到半夜才回家，他們交了什麼朋友、做什麼事，家長完全不知情（因為從小尊重孩子，讓孩子自己選擇嘛），這時候大人就會開始害怕了，因為國中的年紀有可能會闖了無法收拾的禍端。當家長這時候才開始管孩子，孩子就會反抗：「小時候你都不管我，現在我長大了，你才來管我！」這不就是我們所說的叛逆嗎？親子關係不是破裂就是疏離。因此，小時候生活常規父母親有在要求，等到孩子養成好習慣，有好的價值觀，也在大人協助下交到許多品格良善、思想正面積極的好朋友時，大人就可以放手，這時父母與孩子之間反而就可以像是好朋友一樣無話不談。

至於C寶所說的「當小孩真難，認真也被念，不認真更被念」，的確也是我們家的問題，AB寶在中學時，我看她們太用功讀書，常常邀她們出去玩，結果每次都被她們白眼，當我消遣說：「參考書題目做太多，會變笨！」還被罵說只會說風涼話。其實真的如同C寶的觀察，太認真會被念，但是假如不認真也會被念，這是現在家長的兩難！幸好大家都順利度過中學那個對大人與孩子而言都挺難熬的階段。

至於C寶提到的國中公民考題，當年翁老師跟我講了這個故事，除了拍案叫絕之外，至今我演講時，只要提到價值觀或親子關係時，都會拿來當例子呢，下回再跟你們透露我如何「賣小孩」的（AB寶在我應邀講親子題目返家後，都會消遣我，又靠出賣她們來賺取演講費了）。

偉文兄

那些沒有說出口的期待

親愛的ABCD：

前一陣子與AB寶閒聊時，她們提到有認識的學長姊曾報名Keep Walking夢想實現計畫的甄選，其實我還跟這個獎項有點淵源呢！十多年前有個國際企業想到台灣做這個公益計畫時，要拍公益廣告來宣傳，他們找上了我來代言。

記得他們委託的廣告公司要寫文案、設計畫面前先訪問我，他們一直追問：「你有什麼挫折？」原來他們的發想是既然要鼓勵年輕人追夢，就要有位一再受挫折卻不氣餒、最終實現夢想的典範。

結果我在十來位廣告公司創意人的圍剿下，還是不鬆口：「我認為我在推動環境運動過程中沒有挫折。」他們不相信，但是我仍堅持是即便努力再努力都沒成功，我也不會把它視為挫折，因為挫折是期待與現實之間的落差，當我降低期待，只做自己該做的事，心境上就不會覺得有挫折了。

最近剛好連續三天接受三個不同媒體的採訪，一個是慈濟大愛電視台的人物誌專訪，一個是教育廣播電台的節目，另一個是文化大學實習廣播電台的訪問，三個的方向與主題不同，但是卻不約而同的都問了一樣的問題：「你有沒有碰到挫折？你怎麼處理你的挫折？」奇怪？是不是現代人真的充滿了挫折啊？

面對挫折的態度

或許從一些統計數字可以看出，台灣的小學生很大百分比覺得不快樂，甚至百分之二十幾曾經想過要自殺，到了中學那就更多了，甚至有百分之十二曾經在某個階段被診斷為罹患了中到重度的憂鬱症。如果連原本應該「無憂無慮」的孩子都是如此，那麼長大之後，煩惱多、壓力大，面對社會愈來愈沉重的競爭，恐怕挫折是有增無減了！

不過，我覺得遇到不順利的處境或是別人惡意對待時，當然，更多的時候是我們覺得遭受不公平對待時，這些遭遇是不是挫折？其實還是要看我們的態度。

為什麼會有這樣的體會？這種態度似乎讓別人覺得很奇怪，故事要回溯至四十多年前。

記得高中時，英文老師曾發下好幾張英語名言佳句要我們背誦，這是我第一次看到這句西方著名的祈禱詞：「請賜給我平靜，能接納我無法改變的事；請賜給我勇氣，能改變我可以改變的事；請賜給我智慧，讓我分辨這兩者的不同。」當時我正為這句漂亮的佳句而讚嘆時，坐在我隔壁的同學卻冷冷地說：「這一句根本是廢話，一點意義也沒有！」看到我滿臉狐疑的樣子，同學繼續解釋道：「你看這一句話有沒有像我們常開玩笑說的『大郎的弟弟叫二郎，二郎的哥哥叫大郎，廟的前面有旗杆，旗杆的後面有廟』，話講了半天，卻等於沒講一樣。我們面對發生在我們身上的事情，原本也就只有這兩種態度，要嘛摸摸鼻子接受下來，要嘛去抗議去改變，我們缺的是不知道那些事情該接受還是抗議，看完這句話，我們還是沒有學到那個分辨的智慧啊！」

聽了這番話，一時還真無法反駁，不過，到底什麼是分辨的智慧也一直縈繞在我心裡。到了大二時，有一陣子忙社團，在籌辦許多活動忙得焦頭爛額中，忽然體會到，原來要區分可以改變或無法改變的智慧並不難，只有自己能做的事以及自己的態度與看法，是唯一自己可以改變的；而必須求之於人的，就是不能改變的事。換句話說，別人要怎麼對待我，究竟是要幫我的忙，還是放鴿子故意扯後腿，或者是要稱讚我們還批評我們，我們只能平靜的接受，是當下不必去改變也無法改變的事。

期待與失落的關係

換句話說，當時我的體會，就是不要對別人有期待，不要讓別人的言語與行為來影響自己的情緒與態度。當我試著去掉對別人的期待之心後，忽然感受到海闊天空，心情自在開朗。甚至，有了這樣的頓悟之後，這三十年來，我反而得到最多人的幫忙與協助，因為原本我不期待別人幫我忙的，結果一旦別人來幫忙了，我們的感激，往往會使別人幫我更多忙；同時若別人放我鴿子或惡意批評與中傷，也因為原本對別人就沒有期待，所以可以維持平常心，到後來，那些人也會不好意思而友善相待甚至轉而協助我們。

不過，說實在的，要做到不對別人有期待並不容易，甚至已經可以說是相當高的宗教情操了，因此，若免不了還是會有期待時，我會盡量把這個期待說出來，因為我發現人之所以不快樂，覺得被傷害，往往都來自於這些沒有說出口的期待。

我們認為家人應該記得我們的生日，夥伴應該要瞭解我的苦心，老闆應該知道我的努力，我們也希望朋友應該能夠體會我們的心情，每一個「應該」都是我們對別人沒有說出口的期待，這些秘密的期待落空之後，就造成我們被剝削，被忽視、失望、氣憤或幻滅的種種情緒。所以這些年，只要我嘴巴或腦海裡出現「他應該」這三個字時，就立刻提醒自己：「我又有對別人懷抱著沒有說出口的期待了！」

的確，年齡愈長，愈能朝內看，只把精力放在自己可以做的事情上。回顧以往，年輕時，我滿懷志氣，想改革社會，想改變別人，想更正一切不合理之事；如今我已知道，改變世界唯一有效的方法，就是改變自己。

印度聖雄甘地說過一句不斷被引用的名言：「在這個世界上，你必須成為你希望看到的改變。」是的，我們不必期待別人改變，我們如果希望看到世界改變，那麼首先就要改變自己。

偉文兄

親情永不畢業

親愛的ABCD：

當初A寶在臉書上寫了「畢業旅行」的感想後，我把這篇文章轉貼到我的臉書，結果就收到許多老朋友的私訊消遣我：「會不會覺得失落？」我回答：「身為父母，不就期待孩子能夠滿懷自信的展翅高飛嗎？」這句冠冕堂皇的話雖然也算是真心話，但實際心情其實是更複雜的，尤其我猜想對媽媽而言，更是如此。

父親跟母親的角色真的是不太一樣，媽媽必須懷胎十月，那種血肉相連的貼心與負擔，所謂血濃於水的感情，可以說是先天的，對於爸爸而言，算是一旁的協助者，反而比較像是後天學來的。因此，要任何一位媽媽真正的學會「放手」讓你們高飛，也就是不再嘮嘮叨叨叮嚀著你們的生活瑣事，其實是非常困難的。

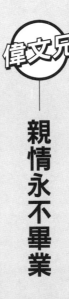

不過，這次的旅行的確對A寶而言，是趟實質的畢業旅行（好像她後來也沒有參加班上或系上的畢業旅行？）。當時A寶獨自一人在冰天雪地的芬蘭讀書，這趟旅行的全程大小事都由她一手包辦，我們像是參加大眾旅行團的鄉巴佬，一舉一動都聽由導遊領隊的口令。換句話說，A寶要承擔所有旅程的安全，尤其交通、住宿、餐飲以及各景點、門票、車票……，非常複雜又麻煩的事，她一手搞定。

成長的過程

畢業其實就是離開，離開原本早已熟悉的一切進入新的階段，大學的畢業典禮有古代成年禮的意味，我們一定要畢業、要離開，才能開展自己的人生。其實自古以來，神話傳說都遵循著英雄三部曲，離家、歷練冒險、再返家。古代從兒童過渡到大人都會有個成年禮的儀式，透過艱難的歷練來體會「死與重生」，也就是孩子死去再重生為大人。雖然隨著時代進步，這種具有危險的成年禮已經消失在文明社會，但是我覺得精神上的成年禮還是必需的，因為這是從被呵護的兒童到承擔責任的大人一個分水嶺，對男生來講，入伍服兵役，就是跨越的洗禮。

不過，我們很感恩你們從進入青春期以後到今天，都還願意跟父母一起旅行，也願意把好朋友介紹給我們認識，這種親密與信任，是身為父母最值得安慰之處了。看著兒女們進入青春期到成家立業這段時間，父母的心情最是矛盾了。一方面知道要放手讓你們獨立，可是又不放心；鼓勵你們冒險，卻又擔心你們受傷；就像我們讚揚年輕人挑戰權威為正義發聲，但最好那個年輕人不是自己的孩子。這種心情，前些天聽到 B 寶的室友彤彤講的一個故事最傳神。她說考上駕照第一次開車上路，爸爸自告奮勇要坐在她旁邊，一路上當然多少有些狀況，但是總算平安抵達學校門口，而她旁邊的爸爸整個過程似乎都很安靜又淡定，沒有驚叫也沒有嘮叨。想不到當她父親離開副駕駛座時，只見椅子濕了一大圈，原來是她父親緊張到全身冒汗，把椅子都浸濕了。

父母的定義

雖然古人說，一枝草一點露，兒孫自有兒孫福。但是既然這會成為家喻戶曉的諺語，表示不管什麼時代，每個父母都放不下心。記得有一年農曆大年初一，朋友們依慣例在我們家聚會聊天，其間有經營企業的人不免感慨現今像草莓般的年輕人，耐壓性太差，過於自我卻又沒有企圖心等，在引起不少附和之餘，其實也有不同的反省之聲：「我們會不會得了便宜又賣乖？畢竟我們成長的年代與現今年輕人面對的時代大不相同，當年台灣工商業剛開始發展，工作機會很多，而且可以在較慢的步調中跟著企業一起成長與學習，競爭的壓力與挑戰與今天比起來真是不可同日而語。」

我知道很多人都看不慣比自己年輕的人，批評什麼世風日下人心不古，其實若我們把二千多年前亞里斯多德感慨年輕人的話語拿到今天，或拿到一百年前、一千年前，其實都適用的。總覺得每個時代有每個時代獨特的挑戰，一代一代都不同，沒有誰比誰厲害，或古代比現代品德就比較高尚。

因此，常提醒自己身為父母親一定要忍住，不要再念年輕人了，要當顧問，所謂顧問是當客戶沒問你時，你就不要表示意見。龍應台老師對此有一段很好的描述，也送給終究會成為別人長輩的你們參考：「所謂父母，就是那不斷對著背影既歡喜又悲傷，想追回擁抱又不敢聲張的人。」

祝福那些各自下山打天下的同門師姊妹

偉文兒

親愛的ＡＢＣＤ：

看到Ｂ寶在「平行四邊形」一文中所描述的室友的習性，真是栩栩如生，尤其今年我們全家又邀請了室友乙一起到越南旅行，更是見識到她「交朋友不怕麻煩」的個性。

總覺得學生時代的友情最是純真，因為是在無憂無慮，被隔絕與保護的環境中認識，長大後工作時交到的朋友多少有些利害關係，然後成家立業，各人專心走各人的路，除了披上世俗的風霜之外，心境上也會愈走愈孤獨。

但是，不管過了多少年，當我們見到年少時的朋友，不管他是頭禿了還是身材臃腫，大家記得的仍會是當初彼此的原貌。真的是如此，學生時代的同學朋友，就像是同門師兄弟姊妹，即使過了很多年，大家都已練成各門各派的掌門人，但是在彼此眼中，還是那最初相識時的聲容相貌。

朋友的相處與應對

不知道大家有沒有給同學取綽號？我們那個時代還滿流行的。通常綽號代表別人令自己印象最深刻的部分，甚至是有點消遣或取笑別人的成分在，但是如果我們能換個角度想，以一個未來的期待，希望對方是什麼樣的人，就先給他一個那樣的封號，然後再開始和他相處。

當然，也並非一定要真的給對方綽號，而是心理學上有所謂自我預言的實現，或稱比馬龍效應。比如說，如果你真心地以對待一個淑女的態度來和新的朋友相處，她一定會表現得像是一個淑女。其實每個人心中最大的渴望，就是被人看重、被人賞識，雖然外表呈現的可能是嘻皮笑臉、玩世不恭、淘皮搗蛋。

但是，每個人的個性都是多面向的，當你覺得某個人令人討厭又沒禮貌，其實並不是個人本性真的又任性又討人厭，而是在你面前，他只表現出他個性中令你覺得任性討厭的那一面罷了！

如果我們期待或對待朋友的態度是他本來還沒有具備，卻很嚮往的特質時，他就真的會變成那樣的人。就像《綠野仙蹤》那隻非常膽小的獅子一樣，雖然他以為自己非常膽小，但是周邊所有的朋友都認為他很勇敢時，他就只好表現出勇敢的樣子，久而久之，真的就是一隻勇敢的獅子了！因此，要常提醒自己，面對周遭的人，不要按照我們過往的相處經驗或刻板印象，而要依照對他們將來的期許來對待他們。

幫助別人不見得只有用具體的物質，能夠讓別人建立自信與自尊，或許是更貴重的禮物，而且當我們是別人生命中的貴人時，自己的生活當然也更容易快樂與幸福了！

另一方面，對於朋友的習慣或個性，我們卻相反的不要企圖直接改變他們，若是每次見到朋友只是批評指正，也很難維持良好的友誼。

佛說煩惱難斷，而去除習氣更難。的確，所謂習慣成自然，我們往往不太會察覺自己的習慣，即便某些壞習慣被身邊的人指責或者困擾自己，但是要改變日積月累養成的習慣，是很困難的事。壞的習慣如抽菸、酗酒，會損害身體健康，懶惰、說謊會敗壞品德……，相反的，好的習慣可以自利利人，幫我們在人生路上化險為夷。

心理學教授的提問

耶魯大學的心理學教授曾經提出「六即影響法」，只要透過六個問題，就可以讓人立刻改變壞習慣。

過去我們幫助人改變壞習慣，往往都是用自己以為恰當的理由或好處來說服他們，但是通常一個人會真的採取行動改變自己，絕對是來自於自己的理由而不是他人給的理由。

因此，有效的方式並不是直接告訴他們為什麼應該改變，而是問他們，為什麼他們會想改變，也就是把選擇的主導權交回給他們自己。

- 問題一：如果你有可能想改變，那是為什麼？
- 問題二：你有多想改變？以一至十分的分數來表示，一代表一點也不想，十代表百分之百想。
- 問題三：你為什麼沒有選擇更低的分數？如果對方選一，就問要如何才能讓分數從一變成二。

- 問題四：想像你已經改變了，那會有什麼正面的結果？
- 問題五：這些結果為什麼對你來說很重要？
- 問題六：如果有下一步，那會是什麼？

這些問題對心懷抗拒的人來說，顛覆了他們慣常的思考方式，有機會從新的角度看事情，也許還能碰觸到他們內心深處自己沒發覺的渴望與情感，這些是理智說服無法企及，但卻是滋生改變力量的源頭。

我們都會把超級好友稱為知己，也就是知道自己的人，其實從好朋友身上也可以看到自我，朋友可以說是另一個自我，至少是人生某個階段的自己。因此，年少的朋友長大再見到時，往往會提醒我們年輕時曾有的興趣或理想，原來，不忘初衷也是年少朋友給我們的禮物。

作家席慕蓉有段文字描寫得非常貼切：「好多年沒有見的朋友，再見面時，覺得他們都有一點不同了。有人有了一雙悲傷的眼睛，有人有了冷酷的嘴角，有人是一臉的喜悅，有人卻一臉風霜，好像幾年沒能與朋友共度的滄桑，都隱隱約約地寫在彼此的臉上了。原來歲月並不是真正的逝去，它只是從我們眼前消失，卻轉過來躲在我們的心裡，然後再慢慢地改變我們的容貌。」

以前有首流行歌曲，其中有段歌詞有類似的心境：「常常忽然想起年少浪漫的時光，大夥聚在一起做些瘋狂的事情，就算現在還有這樣的心情，這樣的朋友不會再有，才相聚便分離，散聚容易……」其實，對於友情，我是貪心的，我想要有許多三十年的朋友！在塵世裡所有的追求與努力都過去之後，我們可以滿面皺紋，怡然相對，喝一壺粗茶，品一杯好酒，談一些閒話，享受經過沉澱的人生醇味！

偉文兒

給情人們的一些心底話

親愛的 ABCD：

你們都認識的玉慧阿姨的女兒在英國讀完書，就留在英國創業，玉慧阿姨偶爾會去看她，總是心疼她的忙碌，希望她能找個伴：「最好是男生啦，不過是女生也沒關係，至少有人可以互相照應。」不過，黃姊姊的爸爸似乎一點也不急，覺得沒找到好的對象，不結婚也沒關係，可以一直留在身邊當女兒。

我想這是天下所有爸爸的矛盾，有人說女兒是父親前輩子的情人，這話一點也沒錯，就像余光中所講的：「對父親而言，世上再沒有比稚齡的女兒更完美了，唯一的缺點就是會長大，即使你想用急凍術把她久藏，她男友也會騎駿馬或摩托車來把她吻醒。」

為了確保騎摩托車而來的「白馬王子」是個對的人，我也展開了為你們而開的「電影裡的愛情學分」，延續從你們小學開始的假日家庭電影院，到了你們高中，我就「偷渡」一些愛情電影，希望從影片中不同的愛情面貌裡，找到足供我們參考之處。

愛情的必修課

有人說，愛是本能，愛上就愛上，沒什麼道理可言，沒錯，愛的情感是天生的，沒有對錯好壞，但是愛的行為與反應，卻是有適當與否的表現，是可以學習，也必須學習的，或許這也是人人都必須上的一堂課吧！

柏拉圖說，愛是一種神聖的瘋狂，在熱戀中是聽不進任何理性的勸戒，是純粹而沒有什麼附帶條件，但是假如剛開始交往，還沒那麼愛，倒是有些事情可以注意。比如說，城邦集團的負責人何飛鵬先生跟他女兒說，「挑男生要注意三件事，大氣、志氣跟骨氣。」也就是要心胸廣闊，要有高遠的生命追求，骨氣就是男孩子要有保護一家人的擔當，富貴不能淫，威武不能屈。

著名的出版人、也是個女強人的曹又方曾說過，「一個好男人有三個條件，一是他是個尊重你的人，也就是個性成熟且開化的人，會把你當作一個完整的人，而不是男生的附屬品。第二是有人格的人，品格操守要好，也要有自律能力。第三是要有個好性格，也就是人很好相處，有許多好人卻個性怪異、唯我獨尊，跟這樣的人生活在一起很痛苦。」

我只希望你們若看到心儀的人，或有人追你們，要多花點時間交往，我們所謂談戀愛，戀愛要用談的，就是多方溝通瞭解對方的性格、夢想，或者家庭狀況等等，若是等到雙方定情，也就是變成公認的情侶，甚至有了親密關係，才發現對方跟自己在價值觀或生涯事業的追求有重大歧異，那時候再分手會兩敗俱傷，徒增痛苦。

其實兩人相處，我覺得自在最重要。一個可以在人生路上彼此扶持，共同面對挫折、困頓，以及種種難關的，一定是彼此在一起非常自在，無話不談，而且可以很放心地在對方面前呈現最真實的自己，不必偽裝。假如你所追求的人，或者你跟對方在一起會提心吊膽，擔心會得罪他，甚至會恐懼害怕，那就一定不是可以長期一起生活的人。

擁有一致的價值觀

就像莎士比亞說的，人生如舞台，也就是我們在真實生活中，有所謂前台演出跟後台休息，就像你們出門前會整理儀容，因為要見同學老師，是進入前台，回到家裡穿著睡衣褲，邋邋遢遢的也無所謂，因為家裡是你放鬆休息的後台。如果用這個比喻，朋友也可以分前台朋友跟後台朋友，我們可以在後台朋友面前顯露出我們的脆弱、害怕，知道他們不會取笑我們，會支持我們、安慰我們。我覺得要與我們長期生活在一起的人生伴侶，一定要是我們的後台朋友，不然就太累了，一個人怎麼可能回家面對自己最親密的人還要戰戰兢兢，擔心自己的形象，這樣活著還有什麼意思呢！

而且雙方的價值觀要一致，價值觀聽起來很抽象，卻是漫長人生裡，影響我們大小事情的選擇，最實際的關鍵因素。價值的認定人人不同，有人可以為了國家犧牲生命、放棄愛情，但也有人不愛江山愛美人，溫莎公爵為了愛情放棄英國的王位也傳為佳話。換句話說，你在乎的，別人也許不在乎，你覺得重要的，別人根本不看在眼裡，彼此都沒有什麼對錯，就是價值觀不同而已，這也是我常提醒你們的，男女朋友要長長久久的走下去，兩個人的價值觀要一致是最重要的，最核心的價值觀相同，其他兩人的不同，或許都還可以討論和溝通。

當找到了可以陪伴終生的伴侶後，兩人相處之道，千言萬語可以歸納成兩個原則，一個是要努力使自己被對方欣賞，另一個是努力去欣賞對方。這原則的「努力」兩個字要加粗、用紅筆畫圈再三強調，努力很重要，絕對不能因為有了那張結婚證書，彼此是自己人，也不容易跑掉，就忘了要努力裝扮自己讓另一半欣賞，同時也要時時稱讚來欣賞另一半，我們的努力可要讓他看得見，感受得到啊！當然，也有可能你們一直找不到適合的對象，其實這也沒有關係，在這時代，結不結婚都無所謂。

總之，不管結婚或不結婚，女生跟男生一樣，一定要保有自己獨立的能力與空間，就像英國作家吳爾芙的提醒，女生婚後一定要有自己的工作及自己的小房間。前者是她們用來飛翔的權力，後者是她可以獨處思考的心靈花園。因為女生不是男生的附屬品，每個人都應該可以擁有自己的夢想與追尋，不必誰為誰放棄自己的人生。

第 3 篇

用開放的心面對挫折，樂觀的態度處理失意

A寶

李欣澄

2.0版本的自己，腦袋有跟著升級嗎？

Dear BCD：

現代科技、潮流變化很快，當一個新產品出來時，我們會把它加上數字如X.0版本。一方面說明它的狀態，一方面保有它精進的空間。過生日好像也是這麼回事，尤其過的是二十歲生日。

「話說，十一月二十三日是某人的生日齁？脫離一字頭有何感想？」摯友傳來訊息，附上一個充滿跳動愛心的貼圖。「我們是連生日祝福都能省略的朋友」順便補充道。我就知道他會問我這個問題，以遮掩自己敷衍的行為。「小豬～二十歲了！你現在在幹嘛？晚上要不要來我這，我們去吃一頓吧！」中午外婆打來唱《生日快樂歌》。

嗯，二十歲。其實這天我故意隱居，待在世界上最喜歡的角落：家裡客廳的書櫃區。眼前是台北盆地，抱著電腦面對所有積欠的稿子也邊閱讀《二十世代，你的人生是不是卡住了》這本書。我心滿意足看著電腦旁買給自己的禮物：一疊無印良品筆記本，一邊敲打鍵盤，一邊想自己閱讀《二十世代，你的人生是不是卡住了》的心得。第一次看這本書是十八歲，那時候我還暗爽覺得自己距離書中所提的年紀很遠。這次重新找出來讀，沒有第一次閱讀的驚訝，反而能同理書中的道理，並很淡定地把它迅速翻完。

這本書說二十歲到三十歲這十年有三種獨立、密不可分的關鍵課題，分別是工作、愛情與腦袋身體，以下用一句話結論每一個關鍵課題：

- 工作篇：二十世代的工作在專業與經濟領域佔有極重要的角色——雖然表面看起來並非如此。
- 愛情篇：二十世代在選擇戀愛對象時，遠比選擇工作更重要。
- 腦袋與身體：二十世代大腦仍在成長，賦予我們絕佳機會改造自己、形塑我們未來的模樣。

作者認為我們的出生並不是一次完成，而是一點一點生出來的。她說未來並沒有刻在星星上，也沒有任何保證。我們該做的就是宣告自己已經成年，用心過日子、揀選家人、精算未來、創造自己的確定感。別讓那些沒去瞭解或沒去做的事注定未來。

雖然我抱持著每個人回顧自己的一生，總是非常合理而有規劃，但是人生的真相是，在身歷其境生命現場的當下其實是一團混亂，只有一個接一個而來的意外。可是事後再回顧，一切卻又是那麼完美、有跡可循。我認為作者所提醒要積極規劃有點壓迫人，但若把作者的積極規劃解讀成「用力愛人，用力生活」好像也說得通。

其實二十歲沒有什麼感覺，只是懷疑2.0版本的自己，腦袋有跟著升級嗎？於是列下給自己需要養成的三個習慣。

1. 無論事大事小，在答應、給承諾之前，要再三想清楚。答應的事就要做到、做好、甚至做得比預期還要好，不然當初就不要答應。
2. 記住再認真的人，也抵不過有熱忱的，所以不要假認真。
3. 腦子用得愈多，就有愈多的腦子可以用，所以要多動腦。

最後要說，謝謝你，我的朋友、role models、家人。謝謝告訴我、提醒我，長大是用自己的能力去滿足想做的事。願我也能繼續誠實面對自己，繼續用力愛人，用力生活，並且學習珍惜一切我所擁有的。

附上十八歲第一次看《二十世代，你的人生是不是卡住了》的心得：

六月，我們去了西伯利亞朝聖西伯利亞鐵路。在漫長的鐵路時光，我們有深刻的對話。宜真姊姊在觀察我們多天的行為處事、價值想法後，問了我們四個十八歲「青年」：「如果要你們填空，說你們是〇〇世代，你們會怎麼填？」

討論結果，那兩個〇〇是「浮萍」，浮萍的世代。全球化帶來豐沛的資訊、多元複雜的社會，提供我們更多的機會與選擇權思考自己適合的方向，我們獲得極高的自由，卻常茫然未來要幹什麼。有點矛盾的是，因為有太多的可能，我們不知道要怎麼辦，像個浮萍一樣。

回來台灣後，偶然看到這本驚為天人的警世勵志書。《二十世代，你的人生是不是卡住了》作者梅格．潔伊是位擁有豐富輔導年輕人走向「正確一途」的臨床心理學家，她將曾輔導過的故事記錄下來，希望這些故事能為讀者帶來改變。這本書欲進行三項大改造：「工作觀大改造、愛情大改造、腦部大改造」。總歸一句本書的主旨：希望年輕人能在二十至三十歲時先規劃自己的未來。

我覺得這本書好看的原因：第一，沒有死板教條宣導，也看不到過度佳句包裝。第二，我離二十歲還有兩年，看了無負擔，輕鬆愉快。第三，書裡淨是一則則研究與真實故事，看了津津有味，例如弱連結的觀念。

強連結指的是至親好友，弱連結指的是點頭之交的陌生人。作者指出，強連結通常跟我們很像，喜怒哀樂甚至是面臨到的困境也一樣，所以除了能陪我們同病相憐，能給的幫助不多，而弱連結因為不在我們封閉的交友圈裡，所以能引領我們接觸新事物。

另外，和弱連結交談時，因為沒有那麼熟，我們必須把話講清楚，逼迫自己把話說得更完整，甚至改變自己的思維。雖然我沒有體會過弱連結的力量，但是，看到這段新知識讓我雀躍不已！

這本書很適合迷惘的高中生看，也很適合二十至三十歲的青年看，裡頭談到的愛情大改造，也令人眼睛一亮！

Love, A 2015.11.

C寶

盧品潔——

第二個家

Dear ABD：

今年的香港感覺不太一樣。

大概是終於決定搬出宿舍所帶來的改變吧！從今往後付香港的房租，擠過海的地鐵，脫離學校的庇護，嘗試融入香港的生活。和初來香港時的不適應相比，如今我能享受走入人群中被淹沒，但我仍自在前行的感覺。請別誤會，我不是透過摩肩接踵試圖感受這城市僅存的「人情溫暖」，沒有這般荒謬淒慘。我認為只是在慶祝自己終於長大獨立，不再迷失自我，且能在都市叢林中發展出一套自己的生存法則。

距離我的小套房步行五分鐘之遙，有我最喜歡的咖啡店。狹小的入口沒有招牌或任何商業廣告，店內的擺設溫馨簡單彷、佛置身朋友家的客廳，甚至沒設置收銀處，只擺了個玻璃罐投錢。這裡有聞咖啡香而來的饕客，也有聞書香而來的文青，大家共享這城市綠洲裡的靜謐時光。

若說桃花源投注了陶淵明在亂世中仍僅存的希望和理想，小小的咖啡店便是我的烏托邦了。暫時遠離明爭暗鬥的商業世界，讓思緒自由流轉。附近的九龍公園是隱身於車水馬龍中的綠地。很難想像在這樣一個繁忙的市中心，有這樣一塊會呼吸的地。這裡有我的私藏口袋景點，能眺望整個香港島和維多利亞港的景色。我喜歡站在這個距離觀察香港島，彷彿觸手可得，但卻又若即若離，客觀卻又不失情感。我也喜歡過海的地鐵，十五分鐘的車程，已經足夠讓我將每天的疲憊和煩惱洗淨。

我特別喜歡獨立門戶後的生活，彷彿向這個城市宣告我現在也佔有一席之地了。我們之前常在討論大學最重要的事情是要學會為自己的選擇負責任、找到自我定位、學習享受生活……。現在我可以很自豪地說，因為勇敢做了這個決定，讓我感受到了這些成就感。外面的世界很大、很精彩，滿腔熱血的我努力向前探索；外面的世界很紛擾，遍體鱗傷的我停泊港口，駐足身後的家。

ps. 話說回來，若真要我說說融入香港生活失敗的地方，那就是我「慢工出細活」的思考方式吧。還是不擅長要在一分鐘內讓可能的老闆找出我的過人之處，也還是不習慣在一分鐘之內看出事情的問題。我想這根深柢固要改掉恐怕是不太容易，不然我也不會在想了一個禮拜部落格內容後仍被催稿吧。

Love, C 2015.9.

D寶

王雲安

小媽媽手札

Dear ABC：

來到布魯塞爾當小媽媽已經好一段時間了，在頭三個月的「陣痛期」過後，終於漸漸抓到一些訣竅，面對孩子也不再束手無策。整理了一些這段日子的心情，與你們分享小媽媽這一路的甘苦談。

什麼是互惠生（au pair）

互惠生簡單來說像是保母，透過照顧、陪伴雇主家庭的小孩，換取免費食宿和一些零用錢（薪水），但和一般保母不同之處在於，互惠生還有「文化」和「語言」上的交換，像是需要跟小孩說自己的母語、學習當地語言（實際情況還是依家庭而定）。以我的例子來說，平時與小孩溝通都用中文，每天要撥出約半小時教他們中文，白天時，我也會去附近的語言學校上法文課。

歡迎回家

在正式被這個家庭錄取之前，我們透過視訊認識彼此、聊聊工作內容和我的權益。第一次視訊面試就被媽媽I的熱情深深吸引，聊完後，很希望自己能加入這個家庭，卻不敢有太大把握，畢竟我還不到二十歲，不論資歷還是社會經驗都比其他面試者少很多。

原本想直接接下法國另一個已確定的家庭，就在快放棄最後一絲希望時，我得到第二次視訊的機會，這次視訊我很厚臉皮地問他們已經確定要用我，還是仍在考慮？I對著鏡頭激動的說：「Zoe, I want you! I only want you!」就這樣，我得到人生第一份工作。第一次被肯定，興奮之餘還有滿滿的感謝。也因為這份工作得來不易，我更珍惜所擁有的一切，只希望自己付出的，能比他們給予的多更多。

第一天抵達，I給我一個大大的擁抱對我說：「Welcome home!」兩個小孩親了我的臉頰道晚安，我會一直記得，第一次回到這個家的溫暖。

時間會說話

當然，不是一切都如此美好。哥哥J和妹妹A即便相差五歲，吵架的戲碼可一分也沒有減少，加上哥哥已經到了會頂嘴的年紀，家裡氣氛常常被搞得很不愉快，甚至有段時間，我們沒有一天能平靜地吃完晚餐。不過兩個孩子都很懂事，會和媽媽主動道歉、承認自己的錯誤，但來了五個多月，J卻從來沒有在犯錯後和我說聲對不起。

某天晚上爸爸和媽媽出門買菜，他們一出家門，J立刻將電視打開（媽媽出門前才說不能看電視），勸了好幾次請他關掉，J不但不理不睬，還頻頻瞪我。我拿起遙控器關掉電視，走進廚房後馬上又聽到聲音，我走到客廳對J說：「請你不要再試探我的底線，再來我是真的要生氣了。」說完，就回到廚房繼續洗碗分散注意。不久後聽到兩個小孩打鬧的笑聲，J跑來廚房，晃一晃後小聲地說：「Zoe，對不起。」聽到這三個字，我哽咽了……。我問：「為什麼要跟我道歉？」他回答：「因為我對你的態度不好。」我上前給他一個擁抱，偷偷擦去眼角泛出的淚水。簡單的三個字，蘊含了多大意義，在那個當下我知道，他又對我卸下了一層心房。

在當互惠生之前，我的人生只需對自己負責，就在I決定把兩個孩子交給我的當下，照顧好他們不僅僅是我的工作，更是一種責任。仍在學習如何當小媽媽、如何得到孩子們的信任，對二十歲的我而言，這個挑戰或許有點過於困難，但我想向世界證明，和能力成正比的不是年齡，而是心的視野。

Love, D 2016.3.

C寶

盧品潔

城市老鼠闖蕩歐洲

Dear ABD：

繼天涯小歌女D寶及問號旅行家B寶的腳步，我也踏上了歐洲大陸展開城市老鼠的闖蕩。城市老鼠的都市病在初期依然偶爾會發作，甚至還會想念香港的效率及台灣的方便。但或許是伴隨壯闊山河而來的渺小感，又或許是法國人與生俱來的爛漫感染了我，都市病也鮮少發作了（都市病症狀：沒耐心，潔癖，以金錢衡量一切，手機離手不安現象……等等城市老鼠不良習慣）。

旅行中，我發現一個區域是否被都市病襲擊，深刻影響地形地貌及人文景觀。小至一般人家房屋的裝潢擺設不以電視為中心，取而代之的是以音樂凝聚一家人的鋼琴。大至整座城市的規劃沒有密集的大型商場及摩天大廈，妥協之後留下的是更多空間包容行人和腳踏車。未被企業壟斷的市場則讓獨立的藝術畫廊和本地商店如雨後春筍般林立，為整個地方帶來更多繽紛色彩。

不排隊搶購蘋果手機的歐洲人難道是對科技繳械投降了嗎？我想法國友人安東為這個話題下了很棒的註解：「科技只該是一種手段，而非一個目的。」TGV、blah blah car、Airbnb，這些科技方便了城市老鼠的旅行，也加深了我對文化層次的體驗。更準確來說，如何達到駕馭科技或物質欲望而不被其「綁架」的心境，是來到歐洲最深刻的修行。

買了十二點半的巴士票從法國出發往阿姆斯特丹，預計五點半到，而音樂會八點十五開始。首先巴士從巴黎開來里爾就誤點了半小時，接著司機表示，根據歐洲勞工法律，他已經開車三小時必須休息半小時。一連的塞車，而經過比利時，巴士又要下公路兩次停靠。

晚上七點零九分，正當我還未放棄最後希望，心想再二十分鐘就進市區時，司機宣布，法律強制規定他已超時工作要休息四十五分鐘。等司機大爺終於再次開車已經快八點了。八點二十七分終於到達車站。接下來一陣狂奔電車直衝音樂廳。九點整終於坐在椅子上。但不是廳裡的椅子……因為只演奏一首馬勒七號沒有中場休息，我進不去，只好在外面看轉播，真的欲哭無淚。雖然很崇拜歐洲先進的勞工法律保障勞工權益及確保安全品質……希望接下來的城市老鼠闖蕩時，能不再因為歐洲的「充滿人性」而遇到如此大的打擊。

ps. 雖然法國人之於科技顯得瀟灑，但他們卻終身被美酒佳餚「綁架」！

pps. 番外篇：科技始於人性之充滿人性的歐洲勞工法律讓我欲哭無淚……

Love, C 2016.10.5

B寶

李欣恬

山稜線上的獨冥

Dear ACD：

出走前，我想先好好走過我的家，於是仰望著滿月，我登上嘉明湖。每次登大山都有你們的身影相伴，但這次只有我與我那雙有點大得常絆住腳的迷彩膠鞋。雖然沒有草原打棒球的笑鬧，不過山被寂靜刻蝕得更立體了。兩天，二十六公里，五十八萬步，三千六百公尺，我是這樣走著，在山稜線上獨冥。

想著距離上一次爬大山，也有三、四年了吧。小時候爬山，是因為玩伴。現在爬山，渴望爬山的理由變多了，其中一項是為了自己。為什麼要爬山？一步一步，抵抗著身體慣性，違逆著高山症的恫嚇，在八公里內陡升一千公尺抵達避難山屋，其實真的有點像在自虐。不算重的背包，愈來愈沉重的腳步，但正是在喘息間，你發現自己最真實活著的姿態。

臭臭流著汗，沒有洗澡也懶得換衣服，身上的衣服就那三件，你們一定也都知道，最裡面發熱衣、中間排汗短衫、最外薄薄防風衣，一路陪我從平地到海拔三千公尺，從凌晨兩點到下午兩點，從二十幾度到五、六度，雖然還是有快要凍死、快要熱死的許多瞬間，不過仍舊是沒有喉嚨痛沒有鼻塞全身而退，人的潛能其實比我們想像的大呀！想到每次打開塞爆了的內務櫃，都會掉出來一、兩件衣服，有點慚愧，其實生活真的可以很簡單，只是簡單的藝術不簡單，山這麼告訴我。

寂靜的山也對我說了很多話，沉默的擊著我，被臉書訊息喧鬧雜訊掩埋的我。走在我最喜歡的稜線，泥土徑在山脊上蜿蜒，你知道旁邊不是山谷，是告訴你寬容的縱深。望不見邊的山，不會批評瑣碎，只是告訴我生活還有無限壯闊的可能。

山的高度，似乎也某種程度提升了我對於生活滿意的程度，像是超拔到另一種時空，學著去感恩。「我覺得我以前從來沒看過山。」走在前頭的朋友轉頭說，即使我知道我們住的內湖被山林環繞。有機會，我願意再跟你們一起走在山稜線上，因為通往天使眼淚的山稜線，告訴了我許多事。

ps.這篇意外的寫了好久，也許是面對山，我的感情太複雜了。甚至都還沒寫到如何在凌晨兩點摸黑走在峭壁懸崖，只看得到下一步，卻又不時被滿天的星空迷住的顫巍巍。

Love, B 2015.10.

C寶

盧品潔

法國人的高傲病？

Dear ABD：

「不會法文就要去法國交換？」「法國人很高傲，他們不屑講英文的耶！」在前往法國生活之前，我收到無數次類似的質疑。我總是信誓旦旦地搪塞，「反正廣東話我也是來到香港後才學，法文也難不倒我的，況且在全法文環境學得會比較快。」再者，其實我內心是打死不信，「怎麼可能在高度發展的西歐，有人聽不懂英文？」

事實證明我只對了一半。的確在法國的日常，會迫使你快速學會各種課本上不會教的用語，面對一點都不想講英文的麵包店阿姨和賣場大叔，只能偷聽前一個顧客的用語，然後加上屈指可數的單字努力上戰場了。如此的斯巴達式教育，自然能讓你的法文從零進步到日常生活一把罩。我常說：「法文之於英文，就好像廣東話之於普通話。」有了同為拉丁語系的英文為基礎會較快上手，但可一點也別輕忽法文困難的程度，容我來分析一下法文：

存在又不存在的字母們

法文有許多發音規則是毫無邏輯、不可理喻的。通常單字最後面的子音都是不發音。這也不難，但困擾的是，常常單字後面拖了一托拉庫的字母們都不發音，你會不禁質疑它們存在的目的。再者，如果你以為這是個通則，那你就完全還沒抓到法國文化的精髓：「什麼事都有例外！」

單字牽牽手，都是好朋友

在你終於理解有些單字字尾只是裝飾用的時候，法國人又告訴你，其實有些音要把前一個單字字尾和後一個單字字首連在一起念，法國人認為這樣比較優雅。我想這也是為什麼雖然法文用讀的多少能懂一些，但你永遠不懂他們在說什麼。

男的、女的，傻傻分不清楚

好了，如果到這裡你已經受不了了，那可能你去發明翻譯吐司比學法文快一些。但我還要揭發一項法文最令人崩潰的地方——la la le le——所有的名詞都有分性別，而且沒錯，毫無定律！法文老師的建議是在學習一個新單字時，也一併記住它的陰陽性，那也間接說明了學法文會佔掉兩倍的腦容量。希望在內心許下新年新希望要學習法文的你，不要被以上的抱怨嚇到了，哈哈。多麼令人崩潰的法文，又是什麼令我著迷不已決定要學下去呢？

正是因為法國的文化是這麼引人入勝。膚淺如我，首先想到的是法式美食、美酒，為了滿足口腹之欲，我想瞭解菜單上寫些什麼。從食材配料、烹煮方式，到後來想跟服務生聊上幾句，瞭解餐廳的背景和廚師的故事；我也想讀懂酒瓶上的標籤，知道葡萄的種類、生產的地區和酒莊的歷史及釀酒師的一二。

隨著淺嘗這些法國文化的美好，我漸漸被文化更深層的一面所吸引。不一定是法蘭克的大歷史，連一個法國人的姓氏，也承載著無數的小歷史。並非是英國脫歐這般大事件，但婆媳問題他們也有全然不同的看法。這些林林總總的事件，總讓我更加好奇這個國家和這裡的人，這也迫使我不得不學習法文，以更加深刻的體會。

不過我還是想為「很高傲的法國人」辯駁一下。其實我的疑惑是對的，在法國幾乎人人都接受過英語教育，尤其很多年輕一輩的法國人，更是從小學就開始學習英文。他們大多數時候不是不願意和你說英文，而是如果你劈頭就嘰哩呱啦地用英文要求這、詢問那，是非常沒禮貌也很不尊重對方。然後那些刻板印象也是有些道理的，法國人特別不願意講不熟練的英文讓自己看起來難堪，但他們大部分時候都是想協助你的。那應該要如何做才能巧妙的誘導法國人和你說英文呢？

「綳啾」、「美西」、「沙發」少不了

打招呼、問候，對於法國人來說是家常便飯，更是少不了的一個環節。不是假裝客套，也不是真的想打探你的生活，就只是表達善意的一種方式。就像台灣人如果問你：「吃飽了沒？」你不會認真的回答：「吃飽了，我剛剛午餐吃了一個便當，好好吃！」不管遇見誰，只要先用法文打了招呼，就是成功的第一步，

就算是隨著「繃啾」就見底了的法文字庫，法國人通常也已卸下心防。

微笑、稱讚不分國界

打完招呼沒招數了，這時候只好用上最可愛的微笑和破破的一句「Je parle un peu français」。接著趕緊用英文稱讚食物很好吃或酒很好喝，法國人就會很開心了。是啊，法國人是很純真可愛的，並非是高傲難親近，只是需要你也給予相同的尊重而已。

雖然只短短住了半年，但我已對法國深深著迷，法國文化的好與不好我都學著瞭解欣賞。透過學習如何當一個法國人來生活，我看到全新的視野，這些感觸會在日後持續分享。

啊，差點就漏掉了，法國人也真的是有很高傲的時候，那就是在飯桌上！這時就千萬別跟他們爭論法國食物到底是不是最好吃的了，他們會跟你拚到底！

Love, C 2017.1.

B寶

李欣恬

送自己一個值得擁有的難題

Dear ACD：

腦袋大概算是放暑假了（雖然屁股還是要留在軍訓週課堂的椅子上），思想可以放縱的自由亂流，讓人無限興奮，卻一點也不輕鬆，從前種種譬如今日洄流，那些記在evernote的筆記、書桌上黃色紅色翹起來的便利貼、亂騰在日記上要花很久很久才看得懂的想做的事，終於沒了「要考試」這理由來延宕，只剩下做與不做的決心。所以，首先第一件事就是重拾停擺的交換日記。

第二件事，就是來整理一下從去年底一路走來的奇幻旅程。奇幻旅程從去年暑假的軍訓週開始。翹著椅子，我跟小何在一片落地窗與牆壁隔起來的神秘基地，短暫逃離空氣漸漸混濁的飼料雞場，用網路遨遊世界是唯一營養的選擇：

「ㄟ我們一起來做一件事吧。」「喔……不錯啊，那個呀，我姊現在在義大利玩耍耶！」「這傻魔啊？」世界公民島的嚮導在螢幕上滑行，甩出一個個值得關注的議題等我們接招。「好，那就這個。」

簡單的決定，殊不知接下來是一連串半夜絞盡腦汁，重寫計畫書，原地打轉查資料，拜訪參觀聽演講，面試論壇做簡報。一年前的小小希望，雖一年後還沒長得怎樣聰明標致，還極有可能五官不全，但卻深刻的讓我相信一件事，隨時在電腦桌面開個資料夾暱稱為：「值得擁有的難題」。

「值得擁有的難題資料夾」，其實是學校一位老師給的建議，作為有自覺的知識工作者，需要時時尋找與思考「值得擁有的難題」。資訊氾濫，卻不一定有知識，更遑論智慧，但當人人都是媒體人，迅速對新聞單一事件做出簡短的評論，幾乎不需成本，也極具吸引力。所有的難題之所以為難題，是因為早就被好多腦袋想過好幾輪，而沒有簡單的答案。「值得擁有的難題資料夾」扮演著能量池的角色，提醒我們沒事多多累積能量，也標誌著充滿挑戰的方向。

「世界公民島——嚮導智庫」關注的主題焦點，與「值得擁有的難題資料夾」的功能相似，由台灣各領域的先鋒帶路，揭開的不是有標準答案的終點，而是掀起巨大無畏的想像。

我們一開始想探討「醫學與工程跨領域結合」，目標拜訪德國「Brainlab」，後來主題大改為「高齡社會對策」，於是目標轉為拜訪歐洲活躍老化的各種創新機構、做法、社會設計思考。

有了明確目標，頓時發現生活周遭與「高齡相關的」新聞機構、演講平台，遍地開花，彷彿孕婦覺得怎麼全天下孕婦都同時一起出門般，新聞事件雜訊裡，自動清出一條脈絡供我研究。藉由這個觸角，在半年時間，亂中有序地接觸了「日照中心、養護中心、雙連安養院、七十九樓的google台灣總部、《平台革命》、《google模式》、《google化的危機》、《google超級用人學》、《設計心理學》、《設計思考改造世界》、《創業教我的五十件事》、《開除自己的總經理》、《芬蘭的一百個社會創新》、《A⁺到A咖》、《當世界又老又窮》、青世代（創業圓夢的淚與笑）、『European culture & society 歐洲社會與文化』與數不清的臉書粉專、很棒的夥伴、各界厲害的嚮導老師」。

訊息太多，事件太多，要瞭解的事情太多。但花半年時間單單瞭解關於高齡化社會的問題仍然很不足，卻在自己的摸索版圖裡滿足。

還有很多故事沒有講，關於兩個禮拜熬夜的討論（怎麼不知不覺變成聊人生），關於三場面試評審老師各自獨特的風格，關於其他精彩組別讓我們想像大開。還有很多東西要去學。

這學期這堂沒有學分的選修，沒有名牌的老師，沒有圍牆的教室，沒有答案的難題，告訴我讓學習充滿渴望的方式：送自己一個「值得擁有的難題」去破解。

Love, B 2016.5.

B寶

李欣恬

說那麼多幹嘛？就好奇嘛～

Dear ACD：

不知道上了大學，組成你們生活的拼圖是什麼模樣？是否還保有一小塊、曾屬於我們共同的緣分起源，姑且把它按照社會的說法稱為「做志工」。

高一那年某個連續兩週的假日，小心翼翼呵護著那已經使我們十足興奮的八百塊錢，開始第一次寫企劃書的旅程。頭一次發現金山萬里的公車是讓人又愛又恨的期待。頭一次知道流浪不過就是踏出下一步，接著第二步。頭一次發現願意不為了什麼而幫助我的好人很多很多。也幾乎就在那時候，隱隱約約浮著一種淡淡不明確的感覺，那時候還不確知為何，但是我想我慢慢懂得了，那就是明白「我們總是需要太多理由去走進世界」。

你們可能會疑惑，為何我要冗長的在「做志工」前面，加上一串會在國中國文考卷裡被圈起來、標記冗言贅字的、姑且把它稱為「按照社會的說法」。目前我的大學生活，除了念書，剩下的時間有一大半都與做志工有關，參加山地醫療服務隊以及計畫學校志工週要怎麼度過，因此對於被充分討論，甚至是過度討論的「關於志工」的一些事，需要特別小心定義。

聆聽許多講者分享他們做志工的動機與感動，參加各種志工比賽，試著捕捉點亮炯炯眼神的那柱火炬，對著報社記者解釋志工週為什麼要做這個、做那個。各種企劃書、問卷、回條……，吐著說不完的問題向我襲來，幾乎就要驚見口水洶洶往我臉上噴……，其實，說這麼多幹嘛？「就是好奇嘛～」

這是我到現在最喜歡的一種說法，當志工正是因為好奇嘛。當志工的理由絕對不是單選題，但是「好奇」是「一定得做的加分題」！近日公益旅行、國際國內志工當道，從國中生到社會青年，不用文革上山下鄉的口號呼喊，就在台灣與世界各地找尋短暫落腳的地方。但最後總有反思的時刻，而當熱血的初衷被一道道無情的批判質問時：「你這樣要如何長期幫助當地居民？」「你這麼做是在幫助人家還是受人幫助？」「你要如何證明你所做的能夠造成改變與影響？」

……，像電蚊拍捕捉到蚊子時興奮的吱吱叫，而蚊子氣息奄奄的掙扎振翅，幻想一點迎向自由的可能，但終究繞不出眼冒金星的迴圈裡，我卡住了。

一位長期投入志工服務的大哥，說自己把做志工是為了×××××，為了××××，為了×××××，流了滿地口水的理由都慢慢一一擦乾，終於露出的澄澈透明玻璃，那是始自嬰兒出生就擁有的好奇。做志工只是認識世界的其中一種方式。但我們總還是需要太多理由去認識這個世界，其實兩個字便足矣，就「好奇」嘛！

上週考段考的前一天晚上，跑到小巨蛋把第一場演唱會獻給了世界公民島的「有任務的旅行」，影片雜著五六位旅行家的足跡，不至於特別感動，但我知道沒有人可以批判別人感動的程度，也沒有人需要向別人證明自己感動的程度。但記住了一句話「走出經驗的邊界，就是世界」。而我想補充，「出走多半源於好奇，而好奇不是一種臨時起意的衝動，是每天讓我開心過日子的習慣」。

Love, B 2015.11.

C寶

盧品潔

旅人

Dear ABD：

兩年前我毅然決然隻身來到這片忽遠忽近的土地，經歷過各種人生的洗禮後，褪去天真爛漫的糖衣，我一件件地將正裝穿上，一層層地將面具戴上。穿梭在車水馬龍之中時，我總愛戴著耳機將音量調到最大，bass沉沉的敲擊總能麻痺我不想擴張的感官，讓我成功隱身在人群中。或許這並不是香港的原罪，而是當一座城市被當成漂泊地時的通病，但國際大都會的組成元素仍讓我心煩意亂。不過幸好透過別人的眼睛，我依然能視香港為同時擁有了歷史與摩登、極衝突卻和諧的有趣城市。

帶著來訪的友人遊歷香港，一遍遍介紹著維多利亞港沿岸的大樓及香港的歷史，旅人雀躍的心情感染著我，讓我能一次次再品嘗初來乍到時對這片土地的憧憬。耗時等待的煲仔飯不是阻礙行程的累贅，而是廚師精心料理的美食，入座擁擠的港式餐廳時，能看淡急躁的服務，將「左手邊坐了左撇子」當成一種幸運。

雀躍的旅人們帶給我能量，使我不需要再謙卑地默默走在路上，當隨時可以被取代的路人，而是晉身為仰望天空、腳踏實地、自由自在的無名小卒。他們四處瀏覽渴求的眼神，像是要將一切無法用相機記錄的顏色都烙印在視網膜上，喔不，那些影像是儲存到心裡了！虛脫了，因為有躬身努力完成這趟旅程；麻痺了，因為有用心體會這段時光。充飽電後，接續認真生活下去！

慶幸有這些短期訪港的旅人們，不斷帶給我認識這個城市新的角度。他們對我說：「別當穿金縷衣的『縷人』，用心體會當下，才不會落得『花開堪折直須折，莫待無花空折枝』」。不過跳脫到更廣的思維，我也不禁想到：「在人生的旅途中，是否也有這些『旅人』帶給我新的視野、灌輸我新的活力呢？」希望這不是為了重溫熱血初衷的一個錯覺而已，而是成為無名小卒腳踏實地的動力！姊妹們，謝謝你們一路陪我同行。

Love, C 2015.3.

D寶

王雲安

在爆炸之後

Dear ABC：

首先，謝謝你們在得知恐攻後，第一時間就傳訊息問我的狀況。

恐攻發生的時刻，我在家附近慢跑。繞過教堂，看到好多輛警車，當下我沒有覺得特別奇怪，因為從十一月的巴黎恐攻後，路上時常有警車和拿著槍的軍人。回到家，看到在愛爾蘭開會的I（我的雇主，孩子們的媽媽）打了一通手機、兩通網路電話、發了一封簡訊、一則網路訊息、一封email，要我立刻回撥。第一反應還以為小孩在學校發生什麼狀況，撥通後，I很緊張地問孩子們現在在家還是在學校，電話這頭的我，被她顫抖且哽咽的聲音嚇到，I擤了聲鼻涕，說：「There were terrorist attacks in the airport and in the metro near EU.」

不可能！她一定講錯了！這怎麼可能發生在我住的地方?!掛上電話，手機螢幕上跳出好多則朋友們傳來的訊息：「布魯塞爾有恐怖攻擊！」「王雲安你現在人在哪裡？快回答我！」「拜託你要給我好好的！」……。在點開任何一則訊息前，還是先上網查了新聞。對，我就是這麼不信邪，非得要親眼看到才肯相信這一切不是個騙局。我輸了，新聞上寫的地點，就是I前一天才從那起飛的機場，還有我三天前才去的Maelbeek車站。樂透中獎的機率是一千多萬分之一，遇上恐怖攻擊的機率又有多高？當這些原以為只會出現在電視媒體上的恐怖攻擊發生在自己居住的城市，除了腦袋一團混亂，還會想發瘋似地查尋每一則新聞、詢問每一個人，只希望能得到「這是假的」四個強而有力的字。

一一回覆完訊息請大家不要擔心，但老實說，比起上次巴黎恐攻，這次是真的害怕了，如果下次不再如此幸運，如果再也見不到所有我愛的人，如果……，如果……，心中出現許多不安以及焦慮，甚至認真思考是否真的要提早回台灣。

我想起I在巴黎恐攻後的某個晚上，坐在客廳沙發上看著新聞播報事發後的景象，轉過頭和我說：「即便如此，我們人生還是要過，不可以因此退卻，別讓他們覺得自己好像贏了，因為他們絕對不可能贏。」當時好像被強力震了一級，腦袋也醒了。恐攻後瀰漫濃濃的恐懼和仇恨，但有沒有想過，說不定他們就是要看在攻擊之後，有多少人會因此害怕、覺得受到威脅，如果我們中了這個圈套，豈不成了他們的俘虜？

抱著擔憂，星期六下午還是和朋友起身去了趟市中心，馬路上擺滿各種顏色的蠟燭、鮮花、紙條、粉筆的塗鴉和文字，還有人在一旁唱著歌。含著淚水，我努力用相機捕捉這美麗的時刻，鏡頭下的花仍堅毅挺著，鏡頭前的孩子仍無邪笑著，人們或許害怕、憤怒、難過，卻依然選擇用溫柔和溫暖來點亮世界。在爆炸之後，別忘了，我們共同還擁有的，是愛。

記得巴黎恐攻後在網路上看到一則訪問影片，父親跟小孩說：「那些花是用來對抗槍枝的。」接著，小孩也天真地總結：「所以花和蠟燭都會保護我們。」聽完這段對話，我全身起雞皮疙瘩，面對眼前被摧殘過後的家園，這位父親並非教導小孩這些人有多可惡、我們要如何反擊，而是告訴他用柔軟且美麗的方式，才能戰勝暴力。

提起筆，拿起吉他，寫首歌，我也想為這動盪的社會注入些正面能量。如果你們喜歡這首歌，請幫我也把這份愛分享出去，一起用溫柔的方式改變世界！

《Fearless》

Hey darling　World is ever changing
But sun will be rising　Tomorrow morning
Hey my friends　Wipe away your tears
It's ok to be scared
We carry on from here

They have guns but we have roses
They have hate but we have love
Hold a candle light up the darkness
We deserve a better place

In sorrow we stand up in faith
Once again we'll find the strength
Hands in hands you're not alone
This is where we call our home
Fearless

Hey my friends　Life is still going
Don't stop chasing dreams
We must never give in

Wounds will heal
Love sings louder than war
Repeat the same prayer
There'll be peace someday somewhere

始終相信，這是個美麗的世界。

Love, D 2016.4.

D寶

王雲安

圍牆記憶

Dear ABC：

柏林是個意外愛上的城市，喜歡歐洲充滿歷史街道、建築的我，對於柏林這二戰之後重建的大城市，應該不會太感興趣才對，殊不知，柏林卻令我深深著迷。或許是喜歡在大馬路和高樓之中依舊持續呼吸的那抹歷史，曾是時代的囹圄，如今成為城市一隅靜謐——強烈且真實的反差，是柏林最迷人的風景。

摸著圍牆遺址，好像還能碰觸到恐懼，上前閱讀一旁設置的照片、故事、影像、聲音，一字一句承載過於沉重的記憶，每看完一區，我都需要抬頭望向遠方，深呼吸平復情緒。我在柏林的沙發主人A，在他十八歲以前都過著有圍牆的生活，但很幸運地，他是西柏林人。A說他可以很輕鬆到達東柏林：過個檢查哨、查證件便能進入，雖然對他的生活並沒有造成太大困擾，空氣中仍散布圍牆間的緊繃，不曾停歇。

一百二十公分厚的牆阻隔兩個世界，試圖逃往西柏林的人數以千計，有的幸運脫逃，有的則遭射殺，如果你們是東柏林人，會選擇逃入自由的境土嗎？還是不願冒風險，繼續待在受限的家園？我想，我應該會想逃吧。

柏林圍牆倒塌那天，A深刻地記得爸爸半夜回家大喊：「圍牆倒了！圍牆倒了！」驚醒全家，很難想像那也只是近三十年的事。每個國家都有歷史，如同每個人總有年少輕狂，如果將它視為成長的一環，又何必總想試圖掩蓋？在柏林，這些遺跡毫無隱藏地攤在陽光下，坦然面對先人的過錯，也讓後代引以為戒。再怎麼不堪回首，他們畢竟也成就了一個時代，端視我們是否有夠寬大的胸襟接納曾經的過錯。

歷歷在目，或許曾經血淋淋，我們一樣能用美麗的方式追溯。歷史傷口會慢慢癒合，但疤痕不會隨著洪流消逝，這些殘存的遺跡仍無聲咆哮著，我們注定要帶著這些記憶面對現在和未來，這不是羞恥，是光榮的印記，因為有當時的他們，才有現在的我們。

這首歌寫了一個半月，或許是我太龜毛，但面對這沉重的歷史，我只想把自己的感觸認真記錄下來，希望你們也能感動到我的感動。

Love, D 2016.6.

《圍牆記憶》

一九六一　夏　邊界上築建沉默
無聲無息　足以讓人窒息
快樂消磨　囚　飛不過的紅氣球
蜷縮角落　逐漸乾癟的夢
你想逃嗎　你　你會逃嗎

鐵網外的天空　藍得太猖狂
阻攔人們渴望翻越這道荒唐
多希望一覺醒來發現是個謊
誰的心還在流亡
別再妄想　這世上沒有烏托邦

槍聲響起　誰　自由遭無情踐踏
放心跑吧　此刻你已解脫
爬上高處　望　另一頭是否有光
塵土飛揚　淚又潸潸落下

你想逃嗎　你　你會逃嗎

鐵網外的天空　藍得太猖狂
阻攔人們渴望翻越這道荒唐

多希望一覺醒來發現是個謊
誰的心還在流亡
別再妄想　這世上沒有烏托邦
別再妄想　誰還在妄想
這世上沒有烏托邦

一九九零　盼　一層層防備崩塌
舉世歡騰　靈魂再次重生
圍牆記憶　封存歷史痕跡

偉文兄

行萬里路也要讀萬卷書

親愛的ＡＢＣＤ：

古人認為人生最快樂的事除了金榜題名時跟洞房花燭夜之外，就是他鄉遇故知了，因此我可以體會Ｂ寶與Ｄ寶在歐洲相會的開心，並且能夠與老友再度一起在陌生的土地上旅行，一同探索與學習，都是人生中非常難得的事。

其實說是陌生的土地並不完全對，因為在現今的網路科技下，不只「秀才不出門，能知天下事」，若加上歷歷在目的影音訊息，我們幾乎可以說，地球上任何一個角落，即便我們在家也可以如同親臨現場。

那麼，我們為什麼要出門？為什麼要耗費時間與金錢去旅行？我想無非是親臨現場能夠帶給我們的感動與體會，跟從手機看見是不同的，其次就是在於「與人相遇」。只有出門才能與人相遇，生命中所有的故事，都是從我們離開房間跟人相遇而開始。

不過，在此也要提醒你們，雖然行萬里路很重要，但是更要搭配讀萬卷書，我們所行的路才值得。比如前一陣子有個故事就頗值得你們警惕。有位資深媒體人在擔任某個大專青年領袖選拔的評審時，感慨這些年輕菁英擁有的經歷雖然令人羨慕，可謂見多識廣，但是她在口試時，幾個問題就讓那些菁英們露了餡。

比如說，一位曾在德國紐倫堡當交換學生的青年領袖，當她詢問對方對紐倫堡大審的看法時，他卻一臉茫然：「什麼是紐倫堡大審？」又比如說，有位同學社團經歷寫著登山社，她就問他：「登過哪幾座台灣的百岳？」想不到這麼簡單的問題，又踢到無言的鐵板。

強化學習的動機

有句很粗俗的俚語：「一隻豬遊歷完全世界，還是一隻豬。」許多人像在集點兌換獎品般，不斷累積豐富的經歷，但是只追求數量的多其實是很膚淺，因為見得多、識得廣之餘，更要見得深，識得有獨特見解，這除了要探尋相關的背景知識外，還要經歷過自己的思考、沉澱與反芻。

看了這位媒體人的感慨，不免憂慮，如果連這些擁有資源接受栽培的年輕人都只滿足於表面工夫，那麼更多缺乏資源與機會，或沒人引導與鼓勵的學生，該怎麼辦？

前幾天與一位著名的廣告導演聊天，他說他考慮放棄在大學兼課，因為實在太挫敗了，比如說，他教的是有關電影或影像製作的科系，但他問那些學生，卻沒有一個知道誰是侯孝賢？

當然，你可以喜歡或不喜歡任何一位大導演的作品，但是身為某個領域的專業者，起碼要知道這領域最基本的常識吧？這已經不是學習機會的問題，當所有資源在網路上都找得到的時代，對該知道卻沒興趣去瞭解的基本知識，這應該算是學習動機不足的問題。

自古以來，知識往往由少數貴族或掌權階級所壟斷，直到近代，學習還是有門檻的，比如你沒有當醫生，就不知道處方該怎麼開；你沒當老師，就不知道教案該怎麼寫。但是來到現今網路時代，所有單位都把各自擁有的知識數位化，全世界最頂尖的大學紛紛把老師上課的影片與資料全都公布於網路上，免費供大家使用，各個政府部門或民間公益團體為了降低城鄉學習落差，中小學的所有課程都邀請了最棒的老師錄製教學影片，放在網路上免費供大家使用。

網路學習的優點是課程教材一天二十四小時永遠在網路上面，你可以隨時學習，看不懂再看一遍，二遍、三遍都可以，也可以隨時停下來思考，不會像在課堂上課時，一個恍神沒有聽清楚老師說的，後面也許就跟不上了，於是整節課只好放空，若沒有機會請教老師或同學那些不懂的地方，往後的課程就更聽不懂，只好放棄學習了。

知識傳遞的改變

當學生可以從網路上自由的學習時，就掌握了自己挑老師的權力，不必遷就教學方式和你不對盤的老師，當然，那些在混的老師也即將在網路學習時代被淘汰。未來能存活下來的老師，除了加強教學技巧外，如何善加利用網路的學習工具，誘導學生的學習動機，並且能夠訓練學生思辨的能力，才算是稱職的老師。

老師已經不該只是單方面知識的灌輸者（當你只能像錄音機重複課本及網路都查得到的知識時，你的價值在哪裡？）。當學校不再是獲得有系統知識的唯一地方時，老師與學校的任務與目標勢必改變，哈佛大學博雅教育提出五個目標或許值得你們參考。

一、獨自探索世界。

二、建立對知識的好奇。

三、具備探索與解決問題的能力。

四、能把找到的解決方法與他人溝通。

五、培養學生創造力，用嶄新方式看問題。

近年非常關心教育競爭力的嚴長壽先生就曾提醒偏鄉學生，不要自怨自艾，身處偏鄉，在網路無國界的時代，只要你有好奇心，願意學習，任何地方都可以是世界中心。說得真好，但是，該如何讓已自我放棄的學生重燃學習的熱情呢？

你們四個人過去也曾經多次到偏鄉為弱勢的孩子辦活動，你們有沒有想過該如何引起他們學習的熱情呢？或者說，你們上大學後，周邊也應該有不少混日子的同學或朋友，把可以充實自己的大好時光白白浪費了，為什麼他們會這樣？而你們卻願意珍惜時間不斷學習？這些問題你們想一下，下回再聊。

偉文兄

你在意什麼？

親愛的ABCD：

記得在比利時遭遇恐怖攻擊之後，我們全家都在想著D寶在比利時的近況，追問AB寶有沒有D寶的訊息。過沒多久，A寶叫我們到電腦前，她把音量開到最大，聽到D寶輕柔感性的歌聲，的確，「花和蠟燭都會保護我們」不只是孩子天真的話語，其實也是我們每個人的期待。

記得在你們國中時，我們曾經一起討論過《天堂的孩子》這部電影，在種族、宗教紛爭不斷，意識型態對立的時代，如何互相理解是非常迫切的課題。有人說，若看局部，我們會築牆；若看整體，我們會築橋。築牆或築橋來自於我們的視野，也來自於我們一念之間。我們必須傾聽別人，然後找到與別人的共通

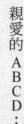

點，是築橋的第一步。有位外交官被恐怖分子綁架，但是他面對綁架他的恐怖分子的首領時，在恐懼中找到彼此的共通點：都是關心孩子、愛孩子、願意為孩子的未來而努力的父親；就從這個共通點為基礎，外交官與恐怖分子有了對話的可能性，也在彼此之間搭起了一座橋。

從傾聽到理解

真正的傾聽不只是聽到別人表面上所說的，還要聽到他沒說出的情緒，比如恐懼、欲望或憂慮，同時也必須站在他的立場、他的角度，設身處地去聽，最後，還要聽出他內在的神性，那種人類普遍對善與靈性的崇高追求。當然，真正傾聽不容易，但是值得我們學習。

一邊聽著D寶的歌聲，一邊也揣摩著D寶的心情，畢竟人剛好出現在新聞現場是很難得的機會，這種身歷其境參與了歷史，將會給我們帶來更深刻的影響。當然，在我們成長過程中，會經歷無數的事情，遇到無數的人，就像我們看了無以計數的小說或影片，但是這些「故事」若是能帶給我們情緒上的震撼，就像我們很欣賞電影裡的主角或討厭小說裡的某個角色，不管是崇拜或厭惡，那麼這個故事就已經對我們的價值觀不知不覺產生了影響。

我們從小到現在，已經看過無數的故事與經歷過許多事，但是絕大部分早已忘掉，但是有些卻又印象深刻，其間的差別在哪裡？除了是否能體貼同理與用心之外，我想還有一個很重要的原因就是——你在不在意。想起一位最近認識的新朋友的故事。

知道盧建彰導演，是A寶告訴我的，也把他寫的書借我看，並且強迫我看所有在網路上找得到他拍的公益廣告，或者稱為微電影。之後我就把他寫的書都看了，雖然大部分主題是講如何寫文案，如何說故事，如何培養創造力，但是他卻以坦率又真誠的心，用他生活上真實的故事來呈現，很好看，也感人。是的，創意是一種生活態度，任何人再平淡的生活也需要創意來激勵自己逐漸喪失覺知的心靈。

因此，去年有個單位舉辦座談會邀請我跟盧建彰一起對談，我在後台第一次見到他，就向他表達女兒們對他的作品的喜好。想不到他認得我，甚至知道我住在花園新城，還表示很想搬到花園新城來。

後來在我主持的廣播節目中訪問他，我們倆談得非常開心，之後又在「看見‧齊柏林基金會」的成立記者會上遇到他，原來當初齊柏林還沒有因為《看見台灣》而讓台灣人看見的時候，就是由盧建彰將齊導的真實經歷拍成微電影，在當時感動了許多人，同時也感動了不少企業主，讓他們願意參與贊助《看見台灣》的拍攝。

因為在意所以動人

在記者會後，盧建彰從包包裡拿出他最新的著作《創意力：你的問題，用創意來解決》送我。書裡面有個篇章，寫出他拍的幾部微電影的幕後故事，包括如何發想，如何呈現的製作過程。原來他的作品之所以感動人，是因為真實，在書裡他這麼說：「不要假裝說一個故事，直接說一個真的故事，如果你沒有故事，就起來，離開你的電腦，離開你的位子，誠實點，跟自己承認，你沒有故事好寫，你得去找故事。」因此，盧建彰到公益團體當義工，從真實人物中找到故事。

他說：「你不必到多舒服的地方才能創作，你也不必到多高級的地方才想得出好想法，做出好作品，你只要出席。你只要出席，你就讓場所變成你的主場了。不管上半場、下半場，總之你要掌握全場，你要掌控你自己，你要真的趴下去，做。」

就連那個感人的微電影《你那邊的天空還好嗎？》看似那麼不可思議的情節，居然也是來自真實的社會新聞。這是個講空氣汙染的故事，誠如他說的，空氣是世上最公平的東西，不管你姓什麼、背景如何，都得呼吸一樣的空氣，都得面對最重要的這事，但我們無視。

在拍片的過程裡，他的好朋友也因為肺腺癌而過世，肺腺癌不是因為抽菸導致（抽菸是肺支氣管癌），而是空氣中汙染的粉塵，台灣連續七年肺腺癌每年致死的人數居所有癌症的冠軍，這跟台灣逐年嚴重的空氣汙染脫不了關係。

盧建彰的疑惑也是我們的疑惑：「我不仇視經濟發展，我只是有疑惑，如果都沒命了，經濟發展又如何？更別提，經濟真的發展了嗎？我們真的有更好的物質生活了嗎？那個汙染最嚴重的地區，據說，經過二十年，仍是最貧困的地方。那到底，是誰得利了？而那未分配給一般人的利益，真的巨大到值得任他家破人亡嗎？」

最後我還是要抄一段盧建彰書裡面的話：

如果你跟我一樣，喜歡書店的存在，那你為書店做了什麼？你以為書店一開門就有錢拿嗎？我們常說交給市場機制，卻忘記我們就是市場，我們應該投票，用鈔票投下贊成票，實際支持我們喜歡的事物，否則它們會消失。

你知道，你對喜歡的事物跟不喜歡的事物，如果都一樣漠不關心，那對這世界來說，你有沒有喜歡，根本沒差。我的意思是，有你跟沒你，到底差在哪裡？

如果你跟我一樣喜歡書，你就該買書；如果你跟我一樣喜歡看小說，你就改買小說。否則，你喜歡的，遲早會成為你懷念的。

你可以替換掉「書」，回頭問自己。

重點是，你在意什麼？

偉文兒

選擇與不選擇

親愛的ABCD：

假如有一天，你的生命中出現了「旁白」，這個聲音一直在你耳朵旁嘮叨著，這個聲音描述著你的人生，掌握著你的一舉一動，甚至還預言你的未來……，這時候你該怎麼辦？

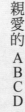

哈！這不是我在影射你們的「旨老虎」媽媽們，這是一部相當奇特的電影《口白人生》所設定的情節，哈洛是一個生活規律、毫無變化的國稅局查稅員，在他無聊的生活中，某天早晨忽然出現了一個女生的聲音，描述他所有的動作，甚至預言了他即將死亡。

在恐懼之下，他開始重新思索自己的生活，並試圖逃避這個預言的死亡，他去找心理醫生，又透過推薦找上了教文學的教授，發現主角雖然真實存在，但同時也存在另一個虛幻的空間裡，是一個女作家正在寫的故事裡的主角。不過，對於每天上班打卡，下班打卡，回家看電視，日復一日、年復一年，這個單調乏味的上班族而言，我們的一生，哇！還真像這部電影裡可憐的哈洛呢！

我們往往會像《等待果陀》戲劇裡那二個人，等待那個從來不曾出現的果陀，我們總期待生活中會有些不一樣，總在等待未來某個時刻，幸福就會降臨，我們等著長大，等著找理想的工作，等著加薪，等著升官，等著退休，可是最後卻會發現，從來沒有人承諾會給我們「玫瑰花園」，其實人生就像美國前總統歐巴馬所說的：「期待他人或等待未來，改變將永難實現。我們自己，就是我們等待的人；我們自己，就是我們尋找的改變。」

未來的明與暗

多年前有一場國際論壇，有位著名的商學院院長說：「不是我看不清楚未來，而是未來變化太快了！」面對這有如剎車壞掉失控火車般的時代，每個人壓力都很大，不只是我們自己，包括台灣其他的年輕人，全世界的年輕人，甚至大企業家，世界各國政府領袖，無一不是焦慮的面對這令人「看不清楚」的未來。

我們並不孤單，這是首先要體會的。因此，我們也無法期待別人，期待政府規劃好產業環境，期待企業訓練我們，我們必須覺悟到我們就是自己等待的人，就是自己唯一可以期待與改變的對象。

同時也因為誰也測不準未來，所以若我們初入社會就找到不錯的工作並且表現優秀，也不要太得意，因為或許只是我們運氣好，趨勢或許隨時會改變，因此要謙虛一點，並且不斷地把握學習的機會。相反的，若我們一再遭遇失敗挫折，也不要太沮喪，人生中「豬羊變色」的機會很多。

在這個令人容易焦慮徬徨的時代中，我們時時刻刻要提醒自己，我們要掌握自己對世界的認知，我們選擇要相信什麼，不相信什麼，選擇如何看待這個世界，我們永遠都有選擇的機會。我們的選擇，決定了我們的命運，我們關注的東西，就是我們的未來。

關鍵在自己

當然有人會說，沒辦法，不是我不願意，而是因時勢或環境所迫，別無選擇啊！在十多年前第一次看到一句猶太人的古老諺語：「不選擇也是一種選擇。」其實滿震撼的，這些年仔細思索，往前回溯自己的前半生，才會慢慢體會到這一句話的意思。

原來許多我們以前覺得別無選擇的事情，以為沒辦法，是父母親逼我們的；沒辦法，是老師一定要我們這麼做的；沒辦法，是老闆規定的……。很多當時以為別無選擇的事情，其實都還有可以改變的空間，只是因為我們的懶惰，我們的害怕，我們的怯懦，我們「選擇了不選擇」。原來在當時我們已經選擇過了，而不是無法選擇。

換句話說，當我們腦海裡浮現或嘴巴說出這些話：「隨緣」、「順其自然」、「算了」，我們就在那個當下選擇了「不選擇」，我們已經用行動來呈現自己的選擇。

當我們真的能夠瞭解「不選擇也是一種選擇」時，就不會給自己找藉口，也不會東埋怨、西埋怨，可以活得清清楚楚，接受生活中的每個境遇，進而把握生命中的每個機緣。

除了這種體會外，我們同時也要時時提醒自己，人生永遠可以重新開始，因為我們往往不小心就會陷入以為是萬劫不復的深淵，然後要嘛是退縮自傷，要嘛自暴自棄更加無所忌憚——反正爛命一條！

已發生的事實雖然無法改變，但是我們可以決定如何看待它，如何選擇下一步該怎麼走，只要我們都堅信前一秒的自己已經死亡，這一刻是全新的自己！

喜歡找原因的人類，常常會選擇用著名心理學家佛洛伊德的理論來詮釋自己的人生，因為以前我遭遇到什麼樣的處境或對待，所以形成了我現在這個模樣。這個因為所以的邏輯雖然很迷人，但問題是，過去已發生，再也改不了，難道我們就注定如此嗎？

或許我們該選擇另一位心理學家阿德勒的看法，他認為人可以不斷重新設定新的目標，在每個當下重新做選擇的，不管過去有什麼遭遇都無所謂，未來我們想做什麼事，想變成怎樣的人，都可以從現在設定目標與步驟去達成。

是的，沒有萬劫不復的錯誤，不管年紀大小，人生永遠可以重新開始，每個人都應該要有這樣的信心。

偉文兄

帶著問號去旅行

親愛的ABCD：

旅行對於現代人而言，已經是生活的一部分，甚至從體制內到體制外的學校，近些年也不斷鼓勵學生要走出教室、探索世界，因此，你們四個人跟台灣其他年輕人一樣，從小就有豐富的旅行經驗。

旅行分為跟別人一起以及自己一人獨自的旅行，若是一個人到國外較長期的旅行，而且沒有太明顯的預定行程，通常也就可以稱為流浪，流浪對一個人生命的體會與成長幫助最大。

有收穫的旅行

你們四個人都很幸運，也算是很有勇氣，都有獨自一個人在國外流浪的經驗。記得B寶一個人從歐洲旅行回來後，將她臉書的標題改成：帶著問號去旅行。多棒的提醒，帶著問號去旅行，其實，這也是旅行可以帶給我們最棒的禮物，因為當我們獨自一人在陌生的國度裡流浪時，腦袋裡又會開始充滿問題，像我們小時候剛降生來到這個世界一樣。

只可惜當我們開始被師長期待考試能得高分之後，快速寫出標準答案的訓練就讓我們失去了提問的能力，然而會提問不只對真正的、有效的學習很重要，甚至對我們整個人生也非常重要。

就像台大哲學系傅佩榮教授提醒的，問題比解答重要，因為問題使人思考，而解答使人放心，而人生是不能停止思考、不能真正放心的，而且所有解答都是暫時的與相對的，因為時代一直在改變，我們個人的生命面貌也不斷在翻新。

不過，我知道B寶的「帶著問號去旅行」另外的意涵，也是我常提醒你們的，要讓旅行有收穫，而不會變成走馬看花，過眼雲煙，最好在旅行前就能先鎖定一個自己有興趣的主題，懷著這個問題意識去觀察眼前陌生的一切，這會給我們全新的刺激與思考。

若沒有聚焦在一個特定的主題，或許會像法國小說家紀德所說的：「身為一個旅行者，想一切都去關心，那他的時間是不夠的，他觀察不出什麼，因為他不可能一切都去觀察。因此，社會學家是快樂的，他只關心民俗，自然學家是快樂的，他除了昆蟲花草之外，什麼都不管。」

除了這種知識上的探索外，獨自一人旅行時，會有非常多的機會跟自己對話，尤其抽離自己習慣的生活圈，家人、朋友、工作以及擁有的書本物品……。這些熟悉的事物都不在身邊時，或許可以讓我們思考一個問題：「假如不管工作或收入，也不必在乎親友的期待或旁人的眼光，那什麼是我最想做、最在乎的？」獨自旅行中的自我對話可以更深刻的瞭解自己，就像管理學大師彼得．杜拉克建議的，瞭解自己如何學習？自己做事的方法是如何？如何與人相處及溝通？自己的價值觀是什麼？自己可以在什麼地方做出最大貢獻？

另外，在旅途中也會有許多感受或感動的事，不要忘記這些事，最好把這些感受記錄下來，這將可以提供我們在往後人生思考這些事物對自己的意義。當然，旅途中更會有許多孤單寂寞的時刻，要記得那種徬徨無助的痛苦，那麼在往後生活中，才會珍惜視之平淡無味的日子，另一方面，那些悲傷時刻更能提醒什麼是自己真正想要的。

除了生活中的旅行之外，若以我們整個人生當作一趟旅行的話，該如何帶著問號去旅行呢？

前幾天參加一個座談會，主持人是我高中同學綸有叔叔，他對著大都不認識我的來賓介紹我：「這十多年裡，他出了三十多本書，更難得的是，這些書的主題隨著他的生命歷程而改變，比如當他投入環境保護運動時，就成為環保專家，出了幾本生態保育的書，當他當父親時，又變成教養專家，出了許多教養方面的暢銷書，等到中壯年後，他又開始寫生活勵志類的書，儼然成為心靈導師，到了現在，面對退休階段，他又開始寫相關的書，也成為退休達人……」其實老朋友觀察得很敏銳，我寫書，都是為了回答我自己在人生之旅路上的提問。

從問題中解惑

我們在生命不同階段一定有必須面對的難關與挑戰，這就是我們最好的問題。有位著名演說家就這麼提醒：「你的問題有多少，你的知識就有多少，你的問題有多好，你的專業就有多好。人一生就是一個個問題解惑的過程。」而且，若是你想集中研究一個問題，最好的方式就是假裝自己要寫本書。哈，沒錯，這就是我的方法，我不是假裝寫，而是真正就去寫這本書，唯有懷著問題意識去閱讀，才不會在訊息大海裡淹沒。

換句話說，問題讓我們專注，而且有了這樣的目標，手段上就可以多元，海闊天空跨域的去尋找解決問題的方法，其實我們也已經發現，時代在改變，以前大學的科系以及我們過去區分的專業都已失效，證照保障的專業會被淘汰，未來真正的專業是你「特別擅長解決某類型的問題」，至於必須運用哪些學科知識、哪些專業，根本不重要，反倒是能妥善的解決一個又一個隨著時代冒出的新問題，才是有用的能力。

不管我們在任何年齡，一定有那個階段最感興趣或最迫切須面對的難關，將這些關心或挑戰形成一個個真實且有價值、並且能被解決的好問題。什麼是能被解決的問題？比如說，「為什麼這個世界這麼不公平？」這是個無解的問題，應該改成「我如何在這個不公平的世界，成為我想成為的人？」這才是一個有解的好問題。

我至今出的三十幾本書，每本書就是在解決當時我面對的問題，其實任何時候，我大概都會懷抱著三或四個好奇的問題或主題，一邊透過廣泛閱讀搜集資料，一邊也同時思索著並且在生活中印證或跨領域地激盪著，重點是，最好是寫下來，誠如胡適先生在幾十年前講的：「手到是心到的法門，發表是吸引的利器。」在我們的時代有部落格、有臉書，當我們隨時把思考所得分享出去，可以藉由別人回饋給自己更多的刺激與動力，同時也可以找到同好互相砥礪與學習，這是一種非常有效率的連線學習。

網路的閱讀當然也是一種閱讀與學習，可惜的是那是碎片化的學習、碎片化的思考，終究是徒勞而無功的。問題要想得深，要提高心智能力，必須要有適當的難度，而且強迫自己以較長（或者應該說很長）的時間讓大腦沉浸在艱辛的運作中。

零碎時間可以看些資料性的訊息，也就是知道某些事，或者這些零碎時間可以用來檢索式地搜尋資料，但是每天要留下一長段沒被干擾的時間做有系統的閱讀，這種閱讀是必須耗費腦力以及必須邊思考的，這是提高心智能力唯一的方式。若是你們沒有這種習慣，從現在起，列出自己關心或有興趣的問題，然後找一本相關主題的書，開始閱讀吧。

偉文兄

成為那個自己喜歡的人

親愛的ＡＢＣＤ：

上大學之後，Ａ寶經常被時間追趕得將近崩潰，除了大學三年修完四年學分，好空出一年到芬蘭當交換學生，每學期還參加許多校外實習及課程；而Ｂ寶雖然常蹺課，卻深知她也同時在輔修時間管理的學分；Ｃ寶在香港更是充分感受到時間的節奏，不只路上每個人的行走速度，你的思考、你的判斷、你的表現，更是以分分秒秒為單位；至於Ｄ寶也會煩惱該到國外讀研究所還是準備創業的技能。

其實不只是你們，現代每個上班族都被時間追著跑，人人渴求一天有四十八小時，而時間管理似乎也成為一門顯學，大家都在尋找更有效率地完成一切事情，快速成名，快速致富，難怪在急診室待過的台北市長一上任就標舉：「天下武功，唯快不破！」

許多人面對這太過紛亂的生活節奏時，想到的解決方案是時間管理。可是時間其實是無法管理的，因為時間不是我們的，時間也不能「節省」，因為我們無法存下沒用完的時間，我們只能活在每個當下，在每個瞬間迎向每個機緣，或透過分享促成每個因緣的發生。

價值觀的延伸

年輕時看德國兒童文學家麥克．安迪（Michael Ende）所寫的《默默》（或譯為夢夢公主），故事中有個專偷時間的賊，他鼓勵每個人盡量節省時間，於是每個人開始追求效率，也愈來愈忙碌。奇怪的是，不管人們省下多少時間，卻總是沒空，那些省下來的時間居然都神秘的消失，而且在節省時間的過程裡，每個人的生活愈來愈貧乏而單調。是的，時間不是用來節省的，時間的意義在於使用。因此，時間管理不是管理學上的方法或技巧，而是個人生活態度的呈現，也是價值觀的延伸。

而且在追求效率的過程中，要給自己留下一些空白或者沒有任何產值的時間，我把它稱為「神聖的浪費」，人如果分分秒秒都在計較是否值得，甚至換算成可以用這些時間賺到多少錢，那樣的人生其實是很悲慘的。我認為不管一天、一個月，或一生，時間合理的分配大約是百分之六十用在與工作謀生有關的事，百分之二十用在社會公益，百分之二十是無所事事或者發呆看小說、看電影等等無產值的事。

如今，你們大學即將或剛畢業，最關心的時間運用當然是有關於工作與就業。有人提出黃金五年的說法，因為雖然在這個時代，不管年紀多大，我們都可以重新開始選擇，但是，當你要尋找新工作時，老闆還是會從你的年齡搭配經歷來做考量。

最好的收穫

職場上的黃金五年指的是離開學校開始自己職業生涯時，要把握關鍵的頭五年，在這幾年裡，你要確定你真正喜歡與真正想做的事，同時也在這個領域裡累積一定的工作經驗與專業的技術。

這五年算是學校教育的延伸，也就是在真實的世界中完成自我的探索，所以不要以薪水高低來考量，即便環境待遇不錯，你也可以勝任愉快，但只要不是你這輩子真正想從事的領域，就不要做。在這幾年探索階段，不要預設任何立場，不排斥任何機會，不斷地學習，在各種挑戰中磨練出自己的潛能，開拓自己都不知道的可能性。

有人認為，履歷中如果工作換得太頻繁，比如五年裡換了超過五個工作，會給主管負面印象，覺得你是個不定性或者判斷力、甚至性格有某些問題的人，建議五年內透過三次轉換工作，就能找到安穩的工作，確定自己終生的職志。

只做三件事就找到自己的夢想？我猜你們或許心裡會嘀咕：「不太容易吧？」畢竟這是個選擇太多、變化太迅速的時代。我想，這是人事主管在甄選三十來歲的年輕人時的立場，期待找來的人不要是那種騎驢找馬、不定性的員工，因此，工作轉換太多反而是負分。

其實現在這個時代，除了正職工作之外，還是可以同時進修或接案子，我們也許在黃金五年內，就累積了相當豐富的經驗與履歷，這個不超過五年的建議，或許可以變通成從相關經驗裡找出三個至五個與你應徵的工作或職位比較相關的就行了。

總之，「黃金五年」就是提醒我們把握三十歲以前的時間，從不斷學習與嘗試中，確立自己想做而且有能力做得到的事。不過無論是現在或未來，我覺得在考慮時間運用時，永遠要選擇那個現在錯過之後，這輩子再也不會再有的機會。而且要提醒自己，想做的事，現在就找出時間去做吧，難道你真的相信你現在二十四歲沒空做的事，到三十歲就有空去做嗎？

我覺得談時間管理，最重要的，或者說，最有效率的事，是做自己想做而且值得做的事，這個而且很重要。

若我們在每個當下都會慎重思考與選擇，確定是想做而且值得做，長期下來，這也是我們面對夢想追求最關鍵的秘訣，因為夢想是「可以」讓自己一輩子追求，而且「值得」自己一輩子追求的事。

善用時間，最終的報償是會讓我們成為那個自己喜歡的人。

第 4 篇

在生活中學習，從學習中成長

A寶

李欣澄

待在舒適圈，不是很舒服？

Dear BCD：

「待在舒適圈，但我待得不是很舒服」，在二〇一七年沒有教室的未來大學實體聚會時，D寶這麼分享。睽違一年，終於見到D寶了。沒有教室的未來大學是我們一群朋友在二〇一五年成立的社群，當時我們剛考上大學，對於即將到來的生活非常期待。

大家的所學不同，我們建了臉書社團，平日在線上分享看到的活動新知並揪團參加，讓朋友聚會不只有吃吃喝喝，而是一起吸收新知後再去吃吃喝喝。每半年聚會一次，一整天下來，大家分享這段時間的成長、傾聽彼此的困惑。這次聚會來了好幾個不同領域的新朋友，在名為學習與生活的道路上，有大家的相伴，甚是開心！

最近艾倫．狄坡頓在台北開了人生學校，艾倫．狄坡頓是英國哲學家，我非常景仰的作家，我曾經發誓要看完他出版的所有作品。他所建立的人生學校，目的是提供「終身學習的機會」，許多人還特別到英國的人生學校上課呢！大概一個多月前，我看了人生學校出版的書《如何找到滿意的工作》。

書中有這麼一段話：「我上大學之前，原本把大學想像成一個非凡的場所，能夠讓人擺脫商業壓力，在優美的環境中與令人著迷的人物，一同好好檢視人生的重大課題，從而成為更好、更有智慧也更有趣的人。我至今仍然會遇到抱持這種想法的人，但這些人都有一項共通之處，他們從來不曾上過現代大學。他們之所以能夠懷有這樣的夢想，原因是他們有幸不必見識到醜陋的教育現實。」一看到這段話，我回想起這兩年來的學習。說實話也說來慚愧，我認為從校外得到的學習與磨練比校內還多。這兩年讓我有所成長的幾乎是校外的經驗，由衷感謝遇到的導師與指點我的長輩、朋友。我認為上大學還是有一定的必要，自己對學科以及思辨的能力還很弱，也喜歡目前的學習環境，接下來的大三生活，我要好好在校內（或者網路線上大學）學習各種基礎學科知識。

出現這想法的時候，看到侯季然導演的書店裡的影像詩計畫，此計畫拍攝超過四十間獨立書店的故事。聽了導演的校園巡迴播映講座，讓我感動的是：「啊，這才真的是用影像說話、用影像敘事啊！」每一部影片短短的，卻能精準地捕捉到獨立書店的特色、老闆的神韻，或是核心思想、生命價值。

導演說，這系列作品大陸人看了很感動，映後座談時，有位觀眾發問：「島內觀眾與島外觀眾在看這系列作品時，有沒有不同的觀後感？」侯導演笑了笑說，說來也滿奇怪，許多台灣人看了這部片後，既好奇又擔心地問他：「你拍的獨立書店是如何維持營運？」（言下之意是問，「這年頭連鎖書店都很難經營了，獨立書店更難賺錢，店主會不會餓死？」）

侯導演後來研擬出「森林譬喻」來回答這類問題：「想像一片森林，林間灑滿陽光，也充滿著各式各樣的植物種類。有百年的巨木、嬌小不起眼但十分重要的苔蘚、只有夏天會開花的植物，也有長青的樹種……，我們不會惋惜只綻放一次美麗而後死亡的樹種，正是因為多樣性，帶來大自然的豐富與可看性。」啊，多美的答案。乃因他們都「說好的故事，把小初衷做到極致」。

Love, A 2016.9.

B寶

李欣恬

還好我學手排車

Dear ACD：

去年暑假，暑訓下課後，我就會騎單車到距離五分鐘的星雲街駕訓班。前幾堂都是在膽戰心驚的頑固拉扯中度過，「你到底為什麼硬是要學手排車？」手排車的離合器把教練釘在車上跟我一起熄火、發動、再熄火，不像自排車一般，教練可樂得學生開沒幾堂就駕輕就熟，自動蹺課，「你去街上找一個手排車來我看看」每次一不小心太快或太重的壓死了離合器，綠色老車疙吱吱的顫抖完不祥的審判，就是一陣通往死胡同的對話：

「就覺得好玩嘛。」

「你家裡有手排車嗎？（藏辭：我可不覺得好玩）」

「沒有。（藏辭：也沒關係啊）」

「我看你進度嚴重落後，學不起來就不要學了，這很難學。」

「（藏辭：哪有進度落後，明明是二十堂課的第三堂課）那教練怎麼學會的？」

「那個年代沒辦法啦，就只有手排啊！」

「那我應該也可以吧！」

「……」

餘興節目告一段落，低頭尋找鑰匙、手煞車，又該上路，只是這次祈禱要更用力些，祈禱距離下次熄火能稍微間隔久一點吶。（其實我發現，熄火次數跟我與教練的和平指數是負相關，後來我們相處愉快喔）總之，白描了一大串，重點來了，我要說的是「還好我學手排車」。而且，我終於找到一個比較有說服力的理由，「如果有一天我是遊覽車司機」就能派上用場啦。

我不會去開昆陽到國防醫的二八四或藍三六。日復一日，走走停停，一樣的街景，一樣花花綠綠的招牌，高高低低的大拇指，上上下下的匆促步伐，過站不停視而不見，客訴喧鬧。穩定是穩定，但，高級的橘紅色跑馬燈監控著我時時刻刻的動靜，連下車撒泡尿也要規劃最短路線配上小跑步衝刺——我由衷敬佩城市裡開巴士的修道者——和尚在廟裡轉佛珠修鍊，你們在大街上轉方向盤修道。不過，我還是不會去開昆陽到國防醫的二八四或藍三六。

我也不會去開高速公路上的貨運車。高人一等又衝鋒陷陣，後面小嘍囉一籮筐，每天欣賞壯麗的人造奇景，偉大的公路串起了地理課本上的一日生活圈，身負交通革新代言人的重責大任，墾丁的賽車場好玩歸好玩，卻也沒這等遼闊的視野。但，鎮日與冷冰冰的貨物和灰撲撲的大橋馬路為伍，像極了被鎖在展示櫥窗裡的假人偶，我已經分不清是我看大馬路還是大馬路在看我。所以，我也不會去開高速公路上的貨運車。

如果有一天我去當司機，那你們一定會在小學生畢業旅行笑笑跳跳的身影裡找到我，或是在捲舌式幽默、充滿笑點的大陸客裡找到我，再不然我也挺喜歡載一整車準備上山的山地醫療服務隊員。

沒錯，如果有一天我變成遊覽車司機，你們也別太驚訝。當遊覽車司機有什麼好的，不說你們不知道，說了你們一定羨慕死。誰說巴黎才是一席流動的饗宴？每一個目的地都是一次探險，每一車的乘客都是一頁頁生命故事。有些同行的可能總是感嘆著又被綁架了陪伴家人的時光，的確，別人假日出去玩就是我們的上工日，但換個角度想，豈不是我們的上工日都在出去玩嗎？我最喜歡的是載到像是山地醫療服務隊這種團體了，跟著他們一起拜訪台灣文史工作室的先驅「廖賢德老師」，竟然目睹我在書上看到的長鬃山羊真正的骨頭，還有我很有興趣的泰雅文物，番刀、背簍、口簧琴，還有紋面的yagi，還能充當山服隊的臨時解說員呢。接著從新竹市區一路鑽進山裡，沿著山徑蜿蜒而上，絹麗青翠，綿延疊嶂，台灣雖小，卻還有好多美麗與幽靜沒有尋訪過，為什麼大家都擠著看阿凡達的3D然後大呼逼真，而不乾脆直接來這兒開遊覽巴士，豪闊壯麗也是鋪天蓋地而來啊！

到了清泉部落，這個因為是張學良禁足地與三毛隱居地，成了台灣數一數二有名的部落。我想到，國中把其實不那麼好看的《張學良傳》硬是吞下去，而自此以後覺得張學良倍感親切，我想到，止不住流浪的三毛，在還沒有很多人到過國外的年代，竟然在撒哈拉生活、跟比她小的潛水員荷西結婚變成西班牙媳婦，喚醒了一大堆人流浪的基因，最後卻願意在這裡落腳。到底這地方藏著什麼樣的魔力與故事？

有時候，雖然喜歡開車，享受掌控世界的快樂，但著實也會累人。但這時候我還是一點也不會無聊。在駕駛座與副駕駛座座椅間的空檔，我塞了一個自製的木櫃，從此不管上山下海，我隨時可以鑽進我的世界翱翔。木櫃整齊的區隔出我最喜歡的幾片CD，席琳．狄翁乖乖的躺在裡頭，Merril Bainbridge也陪著她，另一大格是最近在看的幾本書《溪釣高手》，好幾本跟自然有關，還有剛剛去7-ELEVEN買的《吹風機溫灸術》。誰說遊覽車司機閒閒沒事做？我無時無刻都有滿車的好書在等我。再來有幾格是給水壺的，一格給筆筒跟筆，最後我還特別在木板上打個圓洞，你們猜是什麼？是專門給玉蘭花的家喔，有時候也會擠一些其他好玩的植物在裡頭。抬頭在塞行李的那兒，藏了四根釣竿，我隨時都在尋找《大河戀》的裡面讓人魂牽夢縈的蠅釣場。

再來告訴你們我的秘密法寶，其實送顧客禮物是一點也不花錢的。誰說一定非要在荒野保護協會的大露營或親子兒童營，才能把那些怪招拿出來用？凡是吃完的李子、桃子、不能吃的有毒海檬果，只要洗乾淨打個洞就變成最棒的手機吊飾嘍。說穿了很簡單，只是大家大概懶得洗吧，但說真的，一排種子排下去要你分辨，你一定會很驚訝怎麼分不出來每天吃的果子到底是哪一顆種子！

前幾天我在家旁邊撿到一隻受傷的小鳥。從國中開始賽鴿，跟鳥兒說不上心靈相契，畢竟賽鳥不是訓練狗狗或是馬兒，是用色誘與歸巢習性的機巧心理學，但還是有一分熟悉感，所以我買了一個鳥籠，在紅燈比較長的空檔，用長長的竹竿餵一點鳥食給牠。牠也會不時的吱吱叫著，幫我提振精神。

你看吧，玩墾丁賽車還能賺錢，到處尋幽訪勝，累的時候看看書，聽聽音樂，除了拈花惹草，招蜂引蝶，還可以跟各路人馬聊聊天，我就說你們一定羨慕死我這個遊覽車司機。

哎呀，畢竟還是「如果」哪。「如果」我是遊覽車司機那該有多好；「如果」學校老師告訴我，遊覽車司機也是一種人生選擇的話該有多好。

但，「如果」這是真的呢？事實上，這故事的前提假設就是錯的，這不是如果，而是真有奇人奇事。曾經林懷民老師講過一段話：「我夢想做個工廠的女作業員，只有二十六歲，住在一個租來的十坪大小的房子裡面，一個月的薪水只有二、三萬元，但是當她戴上耳機聽貝多芬時，她的內心無限寬廣。」如今我真的見到了這個林懷民化身的工廠女作業員，只不過今天她化身成了遊覽車司機。

之前看《大亨小傳》紙醉金迷，糊裡糊塗，但第一頁有一句話我想一直記著，「不妄下判斷，就代表有無窮希望。我害怕當我隨意判斷別人時，會錯過很多美好的事物。」

主流價值，自動駕駛，讓我們直達目的地，無需駐足荒蕪但耐人尋味的多良車站，也無需留意一旁挑著扁擔刻滿故事的臉龐。謝謝開著手排車的遊覽車司機叔叔，讓我在這個開慣了「自動駕駛」的世界裡，重新發現「手排車」的寬闊天地。

Love, 不務正業的價值觀田野調查家 B 2016.2.

B寶

李欣恬

永遠會是小飛俠

Dear ACD：

在雲霧繚繞的埔里，我見到了小飛俠，很多個小飛俠……

即將踏入二十歲的最後一個週末，離家出走去Neverland的機會眼看就要逝去了，還能假裝是個小孩的剩餘時間開始倒數，跨入二字頭就一去不復返的咒語，早先發制人的在空氣裡醞釀。粗神經如我對這二十歲前後的一天、兩天不至於無感，卻也不覺得真有老了一些、沉重一些，可這社會也許不這麼粗線條。夢想與現實被細緻地劃開，玩耍與工作的邊界一刀兩斷，小飛俠不願長大的理由在一百一十年後仍沒有改變多少。

沒想到平日不愛關窗、愛吹風胡思亂想、隨風流浪的好習慣，將我吹進小飛俠的聚會，我發現彼得潘錯了，小飛俠長大還是小飛俠，而我知道我也永遠會是小飛俠。

這群假裝長大的小飛俠，隱身於四、五十歲的障眼斗篷，平常他們藏匿得很好，抱著不同的角色卡，經歷著不同的生活雜事、正事、瑣事、要事，正如不是在會議室打瞌睡、就是在衝往會議室路上的大人一般忙碌。但他們都擁有一對翅膀，一對來不及懷疑能不能飛行的翅膀，已然忙著振動……

炫蜂團背後的秘辛

鋪哏了這麼久（還花了我不少時間回味一下小飛俠的劇情大綱XD），你們一定猜不到我要說什麼，閉上眼睛先猜一下小飛俠是什麼嘛。好啦，都已經拖稿到禮拜五就不再吊你們胃口了，上上個週末，小的比姊姊們先早一步初探炫蜂團背後的秘辛。

有機化學考試威脅在即，擋不住一探究竟的誘惑，就這樣我不大不小的用講師的身分特許參加小飛俠的聚會。在「荒野十二期親子進階訓練」中，跟年紀比我大上兩、三輪的爸爸媽媽們講「我的人生」，挺怪異的場面。

六十分鐘的自我介紹、自我推銷、自我剖析，從山頂洞人講到野孩子，從炫蜂團發芽到公益旅行到單車環島做志工，從一見面就吱咋不停的麻吉小蜂，講到跨時空還是要用文字繼續吱咋下去的友誼（沒錯、沒錯，就是這個ABCD's diary啦，我有趁機置入性行銷）。有個大蜂聽完對我說「我覺得對炫蜂團有信心了」，這也許就是在圖書館閉關一整天做ppt寫逐字講稿（為了防堵準備大學面試時候的慘狀……）最大的慰藉吧。

一小時講師人，實為兩天學員生。不只大人對小孩的教育要翻轉，也許我們對於大人的謬誤也要翻轉：大人一定就只會開會嗎？

大人也會玩營隊

你們有看過大人參加營隊嗎？更扯的是，還玩得很起勁、很熱血！一大早，大蜂學員們看似已蓄勢待發，我還正猜著那看不出內容的課程名字「愛的路上你我他」，接著一陣扭腰擺臀完畢，擊掌出發！哇咧，穿著牛仔褲跟洞洞鞋當然還是要跟著跑著瞧才對。於是兩天早晨，跑在霧裡、跑進光，跑過果園、梯田，還有竹林跟山洞，「路跑就該跑在山裡！」大蜂呼出每個充滿笑容的心聲。第一天的靜默，是與自己對話的旅程；第二天團進團出，輪抱團偶輪揮隊旗，是融入集體，學習團隊合作。三公里六公里不算長，但感動會。跟著大家一起在轉角驚見補給車跟舒跑、巧克力，在山洞裡唱軍歌答數，腳踏車來回在精力旺盛跟落後沒力間能量平衡，還有跑回太平國小最後一段斜坡、那又來了的give me five (>3<)！但……到底這些現任或是未來團長們為什麼要一起路跑？

接著我發現參加營隊之前，竟然還有「預習作業」！每個學員在營隊開始前，都要在小隊的LINE群組分享自己的「十年後夢想」，光討論還不夠，緊接著三分鐘內，小隊要挑出其中一個人的夢想，大家合力幫他「演」出來！讓孩子適性發展的體制外學校、老人照護中心、十二進的夥伴再次相聚、從北到南一個個拜訪、拎人揪團、出去玩還要當志工……。演完夢想，將小夢集結成大夢，搖曳在大樹之間的夢想布條，滲著陽光和夥伴們的祝福。但……到底這些大蜂們不考學測為何還要來個夢想版？

盤坐在巧拼板上，最機動的椅子讓打散與重組小隊都非常方便。正課與正課之間，掛在落地窗前閃著金光的菜瓜布邀你入袋，大蜂彎腰從寫著「能量卡」三字的小盒子裡拾起紙片，循著命了名的菜瓜布，隨時互相注入能量與驚奇。夜晚小隊輪番上陣與神秘人物講古，一片漆黑只剩幾盞橘黃，溫柔的訴說著傳承與分享。最後，兩小時的結訓儀式，不只讓我驚訝怎麼可以這麼久，更驚訝的是怎麼可以不無聊得這麼久。

陽光沿著列隊進場的大蜂逡巡，風和閃著瑩光的樹梢，不是淚流滿面的罪魁禍首，頒發證書、雙珠無患子和扎滿愛的毛線帽，不是結束，而是鼓勵打氣的前導，難怪一場結業證書可以頒這麼久，每頒一個學員都是營隊校長與講師與大蜂的一段對話。溫柔的堅持不論原因就是一定得全程參與，盛產水蜜桃的埔里於是貢獻出水蜜桃，成為缺席一天課的學員的雙珠無患子。終於到了最後，是擁抱，你們一定也猜中了。

兩天游離學員、游離講師的雙重身分，我看到了對於「大人」的想像，我們還是太缺少想像力。大人也可以很有趣，誰說小飛俠長大了就無法飛翔？只要他還堅定的振著翅膀，而非總擔憂懷疑自己翱翔的可能。

小飛俠不想長大，但是我說，即使長大我仍會是小飛俠。因為我看到了許多假裝長大的小飛俠，用平行時空在夢想與現實間滑翔。

Love, B 2015.12.

C寶

盧品潔

紐約雜記

Dear ABD：

來到紐約，整個人都進入了過節模式。心情隨著街道上霓虹燈看板的色彩跳動，步伐跟隨絡繹人群擺動。雖說和親友度過了快樂的假期，但我始終沒有辦法擺脫「商業眼光」來觀看周邊的景物。總覺得濃厚的聖誕氣息是為了說服消費者塑造的假象，而滿街的星巴克是為不知道如何在「caf or decaf」、「milk or not」、「sugar or not」之間選擇的人所設置的，看似客製化卻制式的品項讓游移不定的顧客找回了一點自尊。浸潤在香港極度資本主義下太久，心也變得狹隘了。總之我一直無法打開心胸欣賞周邊的事物，更別提有什麼深刻的體會能和你們分享了。

轉身，整個城市裝入了我的視線

在寒風刺骨的早晨，我先是搭了一段地鐵、走了十個街區、再登了船，名副其實「舟車勞頓」了大半天來到了自由島和埃利斯島。本來我還頑固地想著自由女神像不過是法國送美國的一棵搖錢樹，但當我轉身看見整個城市的全景時，我感到內心的悸動了。此刻我似乎能體會百年前來到美國的歐洲移民，靠岸夢想中城市的那股激動之喜。他們是被生活所逼走投無路，因而開始了他們的美國夢之旅，他們急切地想在這座城市找到屬於自己的安身之地。而我雖有自由之身和棲息之地，卻被心魔所困，蒙蔽雙眼，這趟旅程又何嘗不是一種尋找自我之旅！紐約的市容是那樣的凌亂、街道是那樣的錯綜，但卻是那樣的包容和豐富。我想我應該要學習擁抱自己個性上的不完美，學習接納、包容，並且不因害怕情緒波瀾而對眼前事物視而不見。或許逛再多的博物館也無法洗淨我身上世俗化已久所沾染的「銅臭味」，但相信旅行和閱讀所累積的能量能將我的視野提升到新的層次。

Love, C 2015.12.

C寶

盧品潔

當個憨寶吧

Dear ABD：

距離當初真正開張這個部落格也已經半年了，雖然說我文筆沒有你們好，寫的篇數也不多，但這個部落格不僅成為我少數練習中文的機會，更讓我在生活中時時警覺、思考，與保持好奇心。有很多次我試著用文字表達但失敗了，也就這麼放棄了，不過和半年前因為不愛用文字表達自己到甚至幾乎不更新臉書的我相比，克服內心想法被窺探的恐懼已經是我的一大步了！我會持續從你們身上觀摩、學習！好啦，肉麻結束。

今天我想回應B寶曾提到過的「用一個字期許自己」這個想法，在新的一年，我想送給自己「憨」這個字。簡單的說文解字，「憨」是由勇敢的「敢」和內心的「心」所組成的。勇敢的心＝憨？難道這兩者一正一反的形容竟然是會相等？這兩者之間的連接性又是什麼？

「敢」

最近我深有所感，人最大的敵人是自己，在面對最真實赤裸的自我的時候，各種軟弱禁錮了前進的腳步。上大學後我不再是班上前幾名，無法再利用小聰明輕易得手高分，我失去了身邊崇拜吹捧的聲音而跌落谷底。我花了很多時間去學習如何沒有群眾吹捧，憑著勇氣走自己的路。

在新的一年，我想得到的不只是相信自己的勇氣而已，更是相信夢想的勇氣。小時候老師總鼓勵我們自由做夢，夢想愈大似乎就代表成功的機率愈大，但我們有因此相信了這些夢想真的會實現嗎？（至少現實主義的我是沒有相信過。）我期望自己能得到的是：

1. 就算夢想再小也能實踐的勇氣。
2. 畫出連接現實與夢想的藍圖並實踐的勇氣。夢想是由一堆瑣事堆砌而成的，做好瑣事的勇氣及能力是我所缺乏的。

「心」

勇氣充足卻沒有一顆純正的心，就像是為魔鬼配備武器一般可怕。我在大學遇到形形色色的人中，優秀出色的雖不在話下，但不免有價值觀衝突令我卻步的人。我不敢針對此點妄議是非對錯，但我真心希望在花花世界中，我能保有貼近人心、體察人意的純良之心。也希望在人生的道路上，我能有更寬廣的包容心，接納更多觀點，同理更多理念，如此能真正「開心」。

「憨」

褚士瑩在他的演講中曾經提到，一位理髮師朋友發想建立海上洗腎中心的故事，我覺得這個人真的是太狂了！先不論這點子本身的可行度，洗腎及航海技術發展的數十數百年間，怎麼就沒人想過呢？

理髮師在與客人聊天的過程中，發現很多人本懷著環遊世界的夢想，卻因為一週三次的洗腎治療而無奈放棄。他本著熱情的心、身懷勇氣提出這個瘋狂的點子，縱使我們覺得他不過是個「憨人」，我卻深深為這份狂所動！我也解讀這個

「憨」字為一種謙虛的美德，be humble be simple，就讓我當個「憨寶」吧！

Love, C 2016.1.

C寶

盧品潔

教授膠囊

Dear ABD：

兩年大學一晃眼就過了，不知道你們都上了什麼有趣的課？遇到了哪些奇葩教授？如果每個博士生「投胎」成教授時，都是因為服用了「○○膠囊」而變成某一類型的教授，那我想跟你們分享我的教授們都用了什麼配方，哈哈。

個人魅力膠囊

身穿筆挺的條紋西裝、手拿精緻的皮製公事包，啊！別漏看了他那把向華生醫生借來的黑傘，那才是英國紳士的標準配備。很遺憾地，這位紳士並非是從伊莉莎白時期穿梭來二十一世紀的香港，他是充滿個人魅力的C教授。這身「戲服」賦予了他獨特的演說天賦，他總是在充滿觀眾的階梯戲院來回走動，眼神震懾、話語撼動每個觀眾。一會兒他化身凱因斯講授經濟學模型，大膽將複雜的經濟活動抽絲剝繭，留下幾條「線」，好歸納不同因素影響的結果。沒一會兒他又變成葉倫談論著近期的經濟數據，有條有理的推演該如何穩定動盪的經濟。這種魅力厲害到抓住了不太愛上課的交換學生的心，哈哈，不過最要不得的就是陷入魅力太深而忘了追求知識本身！

學識淵博膠囊

Z教授可以說是我高中時所想像教授的模樣。清晰的邏輯、淵博的知識，還說著一口流利的英文，但他非但沒有一絲天才的傲氣，還總是笑容可掬的耐心教導學生。他大學時的抱負是要拯救社會上那些不被理解的靈魂而念了心理學，不過後來他認為雕塑學生成為更好的人，才能真正解救社會，因此轉入管理學。不論看似多麼玄妙虛幻的學術理論，他總能用貼近生活的例子加入一點小幽默為我們解惑。交叉比對不同領域的觀點看法，渾然不覺地悄悄提出了一個新的理論。他經綸滿腹的才氣啟發許多學生的興趣，但學海之闊望教授項背的絕望，也是真真切切啊！

閱歷萬千膠囊

抛開課本並且在眾多行銷課中獨樹課堂風格，霸氣外露的 B 教授，在業界豐富的經驗豈是一本課本裝載得下的！他總是將第一手經驗融入理論中，分析不同狀況下理論的可行性。別總是點頭！他最享受接收學生質疑的聲音，再一一自信反擊，一來一往真相呼之欲出。他總是強調創意只是行銷中的一小部分，真正的行銷其實是透過科學的方法分析，並且依照邏輯來推演答案。經驗豐富引導了我們去思考更深層的核心問題，不過千萬小心，複習期末考時還是要翻閱一下課本，免得分數可就沒那麼霸氣了啊！

Love, C 2016.6.

C寶

盧品潔

星一代

Dear ABD：

近日和友人閒聊時，談論起了「星座」的相關話題：

友：「看來我這惹人煩的龜毛性格是天注定的了，處女座的命運啊……」

我：「星座不過是一種迷信啊！」

一場貫穿古今中外的邏輯思辨就此展開。唇槍舌劍一番後，搶救了一隻迷失的羔羊。本該慶祝科學戰勝迷信，但友人臉上失落的表情讓我不禁聯想到：電影《Spotlight》中，女主角虔誠的天主教奶奶親自閱讀揭發教士醜聞報導時，臉上的迷茫、無奈、失落。

遠望星空時，有種浪漫的朦朧美，關於星座的神話故事更是添加了幾分神秘感。但唯有藉著一雙慧眼才能看穿虛幻的表面，釐清一切紛紛擾擾。本著好奇心，我簡單探究了「星座迷信」背後的心理學，發現有一派說法即套用「Barnum Effect」來解釋。

「Barnum Effect」指的是「用一些廣泛、模糊不清、無特定對象的描述來形容特定的人時，被描述者常很容易就會接受它，相信它的真實性」。依照我的理解，這樣的心理狀態也能類比到其他的生活狀況。換句話說，人其實傾向於套用籠統的詞彙來替自己解套，或解釋無法理解的現象。

對人生的徬徨及未知的恐懼或許成為「迷信」的原動力。不光是星座，許多心靈慰藉都能成為逃離恐懼的防空洞。這些精神支柱的確能為個人帶來精神上正面的效應，但更多時候我們是否為其所困？星星本是嚮導們用來辨認方向的座標，怎知現代人卻將星星當作嚮導來指引方向了。

Dear all, 無論在人生中你選擇了相信哪種理念，都別忘記命運始終掌握在自己手裡。我們可以選擇當思想前衛的「新一代」，但「星一代」……，留給你自己選嘍！

ps. 關於科學論證，詳情請洽翁老師～

Love, C 2016.4.

D寶

王雲安

歡迎來我家

Dear ABC：

在歐洲獨自旅行的一年中，我嘗試使用沙發衝浪（couchsurfing），沙發主人（host）會提供空的沙發或床給沙發客（guest）住，如此一來，除了能省下住宿費，還能體驗當地人的生活、結交世界各地的朋友。

沙發衝浪難道不會危險嗎？在沙發衝浪的頁面上，可以清楚看到每個人的自我簡介，還有過往沙發客和沙發主人所留下的評價，所有選擇權都在自己手上，像我在選擇沙發主人時，會挑接待過沙發客且只有正面評價的人。

老實說，我不怎麼害怕，因為在選擇沙發主人的同時，另一邊的他也同樣正猜測我是否會是個好的沙發客，這一切都是基於人與人之間最真的信任，我相信他，他也願意相信我。和你們分享兩個沙發衝浪的小故事：

第一頓聖誕大餐

O以及他的家人是我第一個沙發主人，也因為他們，巴塞隆納之於我有更特別的意義。O的父母不太會說英文，與他們溝通大概就是簡單的英文單字加上比手畫腳，但他們非常好客，不停問我要不要吃什麼、介紹當地傳統食物，還會想辦法解釋新聞。我努力用他們聽得懂的方式回應，即便經常笑著帶過，彼此也不會感到尷尬。

平安夜當天，O邀請我一同到他的奶奶家吃聖誕大餐，如果說他們的聖誕節好比我們的農曆過年，那麼平安夜大餐就像是年夜飯（想想看吃年夜飯的時候有個外國人亂入的場景，哈！）。那天晚上我和O的家人們圍在一張小小的桌子旁，奶奶從廚房端出一道道菜餚：沙拉、麵包、西班牙式蛋餅（Tortilla Española）、蝦子、加泰隆尼亞式甜點……，因為這熱情的西班牙家庭，我吃了人生第一頓聖誕大餐，由衷感謝他們視我為家庭一分子，在這特別的夜晚一同分享喜悅。雖然聽不懂飯桌上交談的語言，但時不時的笑聲已盈滿我心，好似在遙遠異鄉依然能有家的溫暖。

環遊世界不是夢

現在我無法去看世界，只好把世界請到家裡來，從歐洲回來後，我們家也當起沙發主，提供沙發客來家中待個幾天。來自美國的R以及他的兩個女兒G和F是我們的第一組沙發客。

二〇一五年她們賣掉美國的房車等所有財產，開始環遊世界。F和我年齡相仿，她利用線上教英文的方式賺一些旅費，也在線上讀大學，透過網路課程學習。姊姊G患有唐氏症，在我們的既定印象中，會覺得帶著身心障礙者旅行是個麻煩且幾乎不可能的事，更別說是連好手好腳的人都不一定能做到的「環遊世界」。帶著G確實需要更多耐心跟精力，可是R不曾後悔，因為這趟旅程帶來的遠比他們原先想像的多太多了。

以前的G幾乎不開口說話，有任何情緒就以「吃」來替代；旅行後，她開始走入人群，面對不同面孔、種族、語言，不停改變的環境對G來說是個極大挑戰，但是她漸漸習慣這些衝擊，甚至開始用簡單的單字表達自己，對於媽媽而言，這真的是個奇蹟。

一趟沒有終點的旅程，就這樣背著二十五公斤的家雲遊四海，由衷佩服這股勇氣，但R總謙虛地說，她們也只是在一步一步過著生活。不知道是否哪天我也會有如此足夠的勇氣，拋下一切踏上未知旅程？開始期待下次在世界某個角落的相遇了！

不論是我在歐洲的八個沙發主，還是來到家中的三組沙發客，這些故事都在我心中存留著，跟隨他們的腳步，我彷彿也繞了地球好幾圈。如果有機會，希望你們也能試著敞開家門和心門，歡迎這個世界。

Love, D 2017.1.

偉文兄

尋找夥伴建立自己的團隊

親愛的ABCD：

有了網路與通訊科技，你們雖然在不同地方讀書，但還是可以很方便地保持聯絡，甚至可以免費的多方視訊，這是我們當年在科幻電影裡才能看到的場景呢！

不過也要知道，人是很奇怪的，真正的關係還是要透過見面，互相拍拍肩膀，彼此擁抱，實體的、活生生的，面對面才算數。這也是每次C寶從香港回台灣，你們總會在滿檔的行程中擠出時間，四人合體的原因吧！

很多企業也發現，員工在走廊、茶水間隨意的閒聊、開開玩笑，比較能夠碰撞出更多的創意，所以我很鼓勵你們能把沒有教室的未來大學實體聚會持續辦下去，雖然這個團體在A寶去芬蘭、D寶去比利時後，就中斷了，但是像這樣透過有效的方式，找到志同道合的夥伴，建立起自己的團隊，是非常重要的事。

像你們四個這樣，從小一起長大，非常知心與親密的好朋友是最核心的一環，屬於生活上、人生上的同行者，但是外圍還需要有更大一環，屬於工作或事業上的夥伴，彼此交換訊息、提供點子，甚至可以擔任某些活動或工作專案中的合作夥伴。

未來的世界變化很快，我們不可能事事通曉，但是遇到需要解決的問題時，知道能夠找到哪些適合的朋友來幫忙，是非常重要的技能，所以從年輕時就要累積人才庫的資源。因此，認識一個人，除了知道他現在的工作或技能之外，若能進一步知道他的興趣或獨特的專長或知識就更好了。若可能的話，最高段的是還知道那個朋友所認識的人中，擁有哪些技術或知識。

從別人身上學習

我知道現在每個人都很忙，太多訊息佔據了我們的心神與注意力，必須做或想做的事，往往讓我們無暇他顧，然後一天一天很快就過了，所以我才要強調要主動的找到一群志同道合、積極且正向的夥伴，然後維持實體的聚會。

至今我每次跟朋友聚會或認識新朋友時，都會趁這個機會從別人身上學習，也就是讓別人講他們擅長的事、關心的事，不然就是問他們最近參加過什麼有意義的活動，看了哪些好看的電影或去了哪些好玩的地方。他們會聊得很開心，我也可以趁機增廣見聞，而且當我們真誠地傾聽時，其實也代表我們關心他、看重他，也喜歡跟他相處，你們大概也瞭解，任何一個人都會喜歡看重他、關心他的人，因此，我始終認為，說話的技巧其實並沒有那麼重要，反而是我們是不是真的對這個世界好奇、關心他人的生命態度更為重要。這些與人互動的經驗或態度，也能在我們的工作場合發揮很大的功效。

曾有一份調查詢問企業家：「怎樣的人能成功？」答案是：「不是最聰明、但能夠與別人合作並解決團隊問題的人，這些通常是敏銳的思考者，同時是友善、負責和誠實的行動者。」我們必須與周遭有利害關係的人找到適當相處的位置，並且站在不同立場，找出整合各方利益的最大公約數，這才是未來生存最重要的技能。

產業界有句名言：「真正的敵人來自我們看不見的地方。」對於個人來講，我們一定要建立起全新的觀念，就是所有看得到、接觸得到的人，都要變成我們的朋友。尤其如今沒有永恆不變的工作職位或公司，再加上跨界合作，異業結合已成為職場生存的基本能力，所以我們當下的競爭對手，其實就是未來可以合作的最好對象。而在這必須終生學習的時代，如何能讓自己持續努力呢？

尋找志同道合的夥伴

記得有一年曾應台大心理輔導中心邀請，前去與學生分享一些經驗。當時有位學生提問：「我常常在被激勵之後，會下定決心要好好振作，可是往往過沒多久，就因怠惰而放棄，請問你如何保持多年的熱情不變？」

當時我告訴那位同學，雖然人有向上、向善之心，但本性也是好逸惡勞的，因為挫折、被人嘲諷或本身意志力不夠，所以放棄原本的計畫與夢想，實在是人之常情。我認為想要維持自己的熱情，最簡單、有效的一個做法，就是身旁的好朋友都是同樣熱情、積極的人。我們可以參與一個認真的社團，或是和志同道合的朋友共組團隊或讀書會，彼此勉勵、互相打氣。

同時，在這愈來愈複雜的時代，團隊成員也必須複雜，才能有適應及生存的能力。其中必須有各種性格的人才，要有保守的人，也得有激進分子，需要天馬行空的創意人，也要有嚴謹、按部就班的人。這些思考模式和興趣不同的人，需要一個能協調與激勵大家的領導者來帶領，《海賊王》的主角魯夫就是這樣的人，讓我們也要訓練自己包容或欣賞與我們不同的人。

交朋友要主動為別人做事，尤其在人際互動逐漸被手機、網路所取代的今日，實體的相遇反而變得非常珍貴。在一切太迅速、太方便的時代裡，為朋友多花些時間做點不一樣的事，就能讓對方留下深刻的印象。

舉例來說，同樣是送人生日禮物，花錢買一個大家都買得到的東西，不如親手做一個對方喜歡或實用的東西；在臉書裡祝朋友生日快樂，如果跟其他人一樣寫「祝你生日快樂」，只會淹沒在眾多祝福裡，不如多打幾個字，甚至藉此感謝對方為自己或世界帶來美好改變的努力，這才是能讓朋友更有力氣與勇氣的話語。

當有了一群好朋友，建立起自己的團隊後，除了可以一起勉勵、一起學習之外，也要適時創造一些與朋友一起共同完成的公益行動，有了如此的團隊，除了能夠豐富自己的人生之外，也是我們生命價值的呈現。

偉文兄

人人都是斜槓人

親愛的ABCD：

A寶從進大學後，偶爾在忙得焦頭爛額時會消遣自己：「看來我選的是一個接案人生的不歸路！」

我想這是因為她讀的是大眾傳播，另外自己鑽研拍照、攝影及製作影片的技術，所以有一大堆雜事都必須自己處理或完成，不過，我認為不只是她必須以專案工作的型態來學習，即便B寶學醫、C寶對金融行業有興趣、D寶對教育有使命，乍看好像都是具體的專業，但是，你們面對的時代，每個人都不能只有一項專業，因為專業彼此間的邊際已經愈來愈模糊，技能的淘汰與新產業的形成速度愈來愈快，我可以很篤定的告訴你們，未來只擁有一項專業技能是不夠的，換句話說，在未來，人人都必須是個斜槓人。

以我自己為例，最近有一天裡面有四個行程，上午錄大愛電視的《逝水華年》節目，由我主持訪問紀錄片導演黃明川，然後緊接著跟幾位朋友一邊吃午餐，一邊接受採訪，這是文字媒體的專訪；訪談一結束立刻趕到華視攝影棚，接受李四端《大雲時堂》節目的採訪，錄完影又立刻趕到寰宇廣播電台在台北的錄音室，錄我主持的節目《人與土地》，預錄三集節目，訪問三位來賓。

一整天，十一個小時，不是在訪問人就是在被訪問，讓我想起俗話說的，「生旦淨末丑，神仙老虎狗」，其實人的角色一直轉換著，在這個時代，每個人都身兼多重身分，不必是「斜槓人」也必須肩負十八般武藝吧！

去標籤化的斜槓人

記得十月初擔任金鼎獎頒獎人，主持人蔡詩萍在介紹我出場時說我是斜槓中年。的確，或許在旁人眼中，我是個不務正業的牙科醫師，但是有時仔細想想，什麼是正業？當然，很多人會說讓我們賺錢養家活口的工作就是正業，但是我們還聽過「使命、天職」這樣的說法，往往生命中給我們帶來最大意義或貢獻的，不見得是你能賺到錢的那份工作，何況即便我們運氣很好，工作就是使命，但是就像我們喜歡喝紅茶也喜歡喝咖啡一樣，人生是可以有二種、三種甚至四種不同的追求啊！而且，隨著時代快速變遷，現代人已很難一輩子只在自己的專業裡打轉，跨領域勢必成為將來的常態。

這個趨勢跟過去時代很不一樣，自工業文明興起之後有很長的時間，不只職業上的專科分工，連藝術人文也在流派定位之下（在我看，這其實是既得利益者保護自己的權益罷了），每個既成的專業成為不可逾越的陣地，人人心懷警戒的固守自己的領域，既怕有人會越界而入，又怕有人越界而出。那些專業「大老們」，為了保護自己的權威性（講白了是鞏固既得利益），設下種種專業證照或者行規，防止越界的人（不管是越界而入或越界而出）。這在學術界或愈是專門職業，情況愈是嚴重。

你在本行表現得再好，只要你敢跨界，在其他社會領域獲得大眾的矚目，你原本專業領域的人一定會攻擊排擠，以種種莫須有的言詞來貶抑你原本的專業成就。因此，學術界象牙塔裡的人就愈來愈封閉，也令人因為搞不清楚而愈加仰之彌高（不是有人說，專家就是把一件簡單的事，用一大堆玄之又玄的專有名詞搞得很複雜）。據學術界的前輩說，若你剛拿到博士，或者助理當上教授，千萬不要寫「科普」的文章與書籍，因為萬一你寫出名了，就從此斷了在學術官僚體系裡爬升的機會。這種情況或者自古以來就如此吧？因此，白居易寫了《長恨歌》之後，大家提到他就只會說「他是寫《長恨歌》的白居易」，從此一個豐富多采多姿的白居易，就成了有限的白居易，據說這是白居易心頭永遠的痛。

或許貼標籤、歸類與簡化，原本就是人類思考與記憶的習慣吧！不過，我還是很羨慕文藝復興時代，或者中國春秋戰國先秦百家爭鳴那種對知識的好奇與追求，不畫地自限的嘗試與學習。

這種源自於內心的探索，讓一個人可以成為完整的人，他們可以是數學家、是音樂家，也是哲學家，當然也同時可能是建築師，他們可以俯視觀察鳥獸蟲魚的活動，又會抬頭仰望日月星辰的變化，他們可以埋首於曲譜的創作，又可以搭起鷹架蓋教堂。

有一個英文詞彙Renaisance man文藝復興人，指的就是能詩能歌、允文允武、理性與感性兼備的多才多藝讀書人。同時，這個詞彙也意涵著一種對世界充滿全新的冒險性的期待與想像。因此所謂不務正業，興趣太過廣泛，若從正面角度來看，或許代表了仍然維持了對世界的好奇與熱情的文藝復興人。

我總覺得人不該自我設限，在這個豐富多采變化萬千的世界裡，若能以開放的心來面對，不只是自己會快樂些，甚至或許是未來世界競爭的重要條件呢？連二千多年前的孔子不都這麼說了：「毋意，毋必，毋固，毋我。」

我想，只有勇於跨界的人，才能帶來全新的思想與全新的進步。敢於向外拓展其他領域的人，當他們再反過來看自己的本行，往往會產生不同的視野和見解。因此，古代批評人的不務正業，在現今反而成了積極的新潮流——斜槓人。

斜槓與兼差的差別

《商業周刊》曾有一期的封面專題是斜槓成功方程式，當時主筆單小懿來採訪我，大概我也算是他們眼中的斜槓人吧！斜槓人是近幾年產生的新名詞，意思指的是名片上的頭銜有很多個，用斜槓來區分，因此這種多職人就稱為斜槓人。

不過，斜槓人跟兼差不一樣，有人比喻，兼差是幫別人代工，可取代性高，通常沒有選擇的自主性，而斜槓式的組合職涯裡的每項工作都是專業，具有不可取代性，也比較有自主性。

換句話說，當專業不足時，工作再多也都只能算兼差，而且斜槓的專業，通常能夠一加一大於二，而兼差好比白天在超商打工，晚上在補習班做行政，就是一加一等於二。

著名財經期刊《富比世》曾提出未來職場趨勢，一個人一生當中很難只待在同一家公司甚至同一個產業；同時也很難有一種可以讓自己投入一輩子的完美工作，而且因為競爭以及通訊網路的影響，不再能尋找工作跟生活的平衡，而是工作生活的整合，也就是工作與生活之間的界線會愈來愈模糊。換句話說，每個人都會被迫是斜槓，即便不是同一個時間擁有多種專業工作，在我們一生當中也勢必要不斷轉換並且學習不同的專業。

而且未來的專業挑戰會愈來愈高，因此名片上的幾條斜槓都必須付出許多的努力與心血，《商業周刊》除了訪問台灣幾位斜槓人之外，也訪問了日本的堀江貴文，他是個創業家、作家、網紅、程式設計師、火箭開發員以及餐廳規劃師；還有一位在華爾街上班的銀行主管賽嘉爾，他也是網路創業家、作家、唱片製作人以及樂團吉他手。

這個曾經是美國摩根大通證券副總裁的華爾街金童，為何在那麼高壓與忙碌的工作中，還要開展出那麼多斜槓專業？他曾自問：「有一天當他離開金融業，除了摩根大通的名片，還要帶走什麼？而這名片可以代表『我』嗎？」

答案當然是否定的，因為即便為大企業立下許多功勞，為自己賺了多少錢，離開後沒人記得你，那個工作的專業也帶不走，於是他決定打造真正能代表自己的「名片」。其實他的想法，應該也是大部分斜槓人的動機，希望能在符合自己的興趣與能力下，創造一些屬於自己的「作品」，我所謂作品，是指因為自己的創作才會出現在這個世界上的事物。

不過當個斜槓人也不容易，《商業周刊》歸納出最重要的成功方程式，發現自驅力與自律能力最為關鍵，也就是耐挫力、時間管理能力、目標管理，超過學歷和人脈的重要性。所謂自驅力是種強烈的內在動機，來自於不自我設限的好奇心，有興趣的、喜歡做的、想做的，就立刻去學去做，這除了個人興趣之外，也包括了夢想或使命感。

另外自律能力與執行力也是使斜槓能變成可以賺錢的專業的關鍵因素，這種自律也包括了目標管理，也就是選擇想投入的領域，拒絕不該做的事，知道事情的優先順序以及良好的時間管理，也就是時間的分配與運用。斜槓人謝文憲認為，先把一項專業做好，好到大家都知道你是誰，再加一個斜槓才有意義，否則你在這裡打工一個斜槓，然後再打另外一個工一個斜槓，這種斜槓，十條也沒有用，不要為斜槓而斜槓。斜槓人王文華也提醒，不是所有人都適合這種多專業的職業生涯，而名片上有很多斜槓，也不代表你就很厲害。如果你工作需要很專注，而且喜歡深耕，那麼也許就不適合斜槓，但是如果你喜歡新鮮事物，喜歡探索未知領域，那麼當然發展斜槓也是順水推舟的事。

著名企業管理雜誌《哈佛商業評論》也指出，愈多人選擇的組合職涯，競爭當然就會愈激烈，如果在不太勉強的情況下，組合的職涯裡有較小眾或者罕見的專業，反而更能吸引到機會。

其實我覺得，不管我們願不願意，喜不喜歡，在變化快速的世界裡，很多固有的行業以及專業會被淘汰消失不見，因此如何循著自己的好奇心，以及對世界的關心與在乎，不斷地學習，形成一個又一個新的專業，在未來才能繼續找到好的工作機會，並且活出精彩的人生。

偉文兄

假如我是遊覽車司機

親愛的ABCD：

看到B寶那篇「還好我學手排車」的文章，深深覺得B寶學開車的經歷太好玩了！從精彩的描述中，我完全可以看到教練臭著臉問：「你到底為什麼硬是要學手排車？」那種無可奈何的樣子。我在四十年前學開車的時候，街上跑的車子一大半是手排，所以學手排車是理所當然的事，等到大學畢業服完役到醫院工作然後買車時，滿街已是自排車，幾乎沒有人開手排車，想不到B寶居然突發奇想硬要學開手排車。B寶在山地醫療服務隊辦的活動中碰到這位自得其樂的遊覽車司機後，當時就興奮轉述了這些神奇的事跡，也讓我們看到如何善用工作條件絕佳的例子。

換個角度的世界

二十多年前有一本很暢銷的四格漫畫《呆伯特法則》，描述一位平凡的上班族如何善用公司的資源做自己的事，在讚嘆或捧腹大笑之餘，其實也令我們深思：「假如不得已必須把自己的時間賣給公司賺取生活費，那麼在朝九晚五之間，能否為自己做些事？」

有位曾任高階企業主管的日本人（世人眼中為工作鞠躬盡瘁的日本人）曾經這麼提醒：「當公司還願意雇用你、付你薪水時，絕不要輕易離職，就像漫畫中的超人一樣，白天在報社當記者領薪水其實是一種偽裝，下了班後拯救世界的超人，才是他真正的使命。辭職創業太冒險，邊上班邊做副業才是能賺錢存錢的秘訣，而副業最好跟自己的興趣或專業結合，等到真的做出氣候，確定能賺到的錢比上班多才能辭職，因為貿然脫離社畜身分自行創業是勝算不大的賭博。」啊！不要誤會我的意思，在你們剛入職場時，就教你們「偷雞摸狗」，不正確的工作態度，我是提醒如何在完美地達成上級長官的要求下，仍能善加利用空檔時間與公司資源，不斷為自己充電。B寶介紹的這位遊覽車司機也提醒了我們，其實每個行業都可以找到有趣之處，只要調整看事情的角度，優點與缺點常是一體兩面的事。

小學時曾經讀過一個故事，簡直可算是令我豁然開朗，生命從此不同。這本書相信大家也都聽過，就是美國大文豪馬克吐溫寫的《湯姆歷險記》。

有一次湯姆因為調皮搗蛋，被撫養他的姑媽處罰，叫他去油漆院子外的籬笆。村子裡的孩子們都取笑他被處罰而不能跟他們一起玩。只見湯姆以一副藝術家的姿態，很得意地刷著油漆，這反而引起其他頑童的興趣，紛紛要湯姆讓他們玩一下。湯姆故意吊胃口說：「不行！這片牆面對著全村子，很重要，你們沒有資格漆。」這些頑童只好紛紛拿出他們最寶貝的玩具給湯姆，好交換讓他們也可以漆一下的權利。結果，湯姆舒舒服服地坐在樹蔭下，看著排成一列等待油漆的同伴，口裡還吃著他們進貢的糖果呢！

可能是這個故事給我的震撼太大了，將近五十年來，只要遇到不順遂或陷入無可奈何的處境時，腦海裡就會浮現這個生動鮮活的場景，同時提醒自己，看待事情的態度是最大關鍵。同樣一件事，只要觀看的角度不同，結果就會完全兩樣。比方說，入監服刑的囚犯被關與宗教大師的閉關，兩者的外在條件一模一樣，但是心情卻有天壤之別，因為大師的心靈是自由的，囚犯的心靈是不自由的。

從此之後，我就不太會抱怨自己的遭遇或處境，而是盡量提醒自己如何善用已經發生的現實。就像印度詩人泰戈爾說的：「如果你因為錯太陽而流淚，那麼你也將錯過群星。」

創造自己的視野

此外，看到B寶講的這個故事，我也想起以前曾經跟AB寶討論過，「假如主管總是讓我們做一些繁瑣沒有意義的事情該怎麼辦？」

記得當時的結論是，花同樣時間做同樣工作，你可以機械式的做一件事，但是我們也可以同時觀察主管怎麼管理我們？為什麼要這樣管理？有沒有其他更好的方法？這些工作流程操作手冊為什麼要這樣規定？如果你們可以從所做的工作往上延伸思考，才能從工作中得到真正的價值。假如能跳脫這個工作職位，思考整個產業在台灣社會中扮演的角色，甚至推理想像在整個全球化世界中的未來演變，那麼就是更寶貴的收穫了！

上了大學之後漫長的人生裡，你們必須一次又一次自己決定許多事情，比如找實習機構或畢業後找的工作，究竟要到大企業還是小公司？

其實就像前面講的，所有事物的優缺點都是相對的，只看我們如何善加利用。比如說，大企業雖然資源多，但是分工很細，新人剛進公司只能待在部門裡做一顆小螺絲釘，你必須要有很強的企圖心勇於表現，願意跟同事競爭，當你能夠打敗同事、晉升到一定的職位以上，才能真正享受到大企業的資源以及學到關鍵性的能力，而且大企業的辦公室政治學、派系傾軋……等優勝劣敗的殘酷競爭，是否合於自己的個性，是要先思考的。

但是相對的，大企業制度健全，所以可以井然有序地訓練特定專業人才，而一般我們所謂的小公司，也許三、五個人，頂多十來個人，公司的老闆通常就是創業者，因為公司小，所以制度、規章，甚至工作流程都不確定，而且也因薪水都是掏自於老闆的腰包，所以待遇不會太高，相反的，大企業裡決定你領多少薪水的主管通常並不是由自己來買單，所以會比較慷慨。

另一方面來講，往往小公司組織很混亂，所以能訓練通才，比如說，小公司沒有工作流程規章，剛好可以讓我們發揮創造力，也因為資源有限，反而逼使我們主動去結合各種機會，發揮我們的想像力與創意，也因為公司小，公司存活的挑戰大，要處理的行政事務跟規模大上數十倍、百倍的大企業相較也不會少，但因為公司人少，所以我們藉機可以訓練多元的能力。

在學生時代的寒暑假或在學期中，能多到不同的機構實習，見見世面是最好的，即便畢業了找正式的工作，在三十歲之前，倒是可以嘗試二、三個不同規模的公司學習。對了，不過也要記得，在我們就業的履歷表上，正式就職的公司，每家至少要待一年半以上，若是你曾經有二次以上經歷是在一家公司待不到一年，會被以後求職時面談的主管直接篩掉，根本不太可能錄用，因為這些人事主管都知道，剛到公司的頭半年到一年都是在適應與學習，公司耗費資源訓練你，在學會剛可以談得上貢獻就離職，人品個性是有問題的。

記得A寶在關鍵評論網實習時，創辦公司的年輕老闆鍾子偉曾寫過一段話，「找第一份工作時就應該考慮到，自己理想中三十幾歲時要做什麼樣的工作。從中取得技術、人脈、產業界經驗等資源，幫助你一步一步朝著那個方向前進。」這也是很中肯的提醒，不過要很有決心與努力，才能做得到。

偉文兄

尋找自己的神聖不滿足

親愛的ＡＢＣＤ：

之前曾經問過你們的問題：「如何引起或維持學習的熱情？」不知道有沒有想到好的答案？或者你們會在心裡嘀咕：「這根本不是問題啊，不是每個人都要為自己的未來著想嗎？」其實人不是那麼理性，就像那些做壞事或吸毒的人難道不知道這些事是不好的，不應該做嗎？也像我們都有的經驗，明明知道今晚應該要趕報告了，但就是很懶，反而放任自己埋頭追劇。

我們真的不是如自己想的理性，我們很情緒化，我們很容易受外在環境、尤其周邊朋友或師長的影響。因此，在網路資源無限的時代，學習的關鍵已經不是學習資源的欠缺，而是動機的欠缺，也就是我們周邊是不是有互相支持的好夥伴，以及能鼓勵我們的師長，所以，弱勢孩子缺的其實是可以效法的典範。

另外，在終身學習的時代，真要維持一輩子的學習熱情，其實也很不容易，因為學習會有瓶頸，我們也會遭遇挫折困頓，如何擁有強烈的動機引領自己度過一個又一個的挑戰，是另外一項重要的課題。

一輩子的學習熱情

美國海波斯牧師曾觀察到一個人成長中有個重要蛻變的時刻，他稱為「神聖的不滿足感」，也就是每個人在生活中都會有看不慣的事情，可是通常只是用嘴巴抱怨一番就過去了，然而當有些人在某些特殊情境下，產生「此事非我不可」的體會，並且願意行動與參與，這些努力與經驗往往會改變這個人的一生，往更美好與有意義的人生邁進。

美國教育學家威廉·戴蒙也發現，近代的許多年輕人喪失了生命的追尋，也許物質環境很好，學歷很高，但是卻呈現兩極化，一則對社會冷漠而疏離，另外就是憤世嫉俗，只會罵而不想現身參與。如何讓這些被卡住的年輕人重新獲得前進的力量，恐怕是當代新的課題與挑戰。

在威廉．戴蒙的研究與調查後認為，少數願意參與有意義活動的年輕人，他們能夠集中力氣勇於實踐自己的夢想，大都在青春期曾經經歷過以下幾個美妙的時刻：

一、曾經與家人之外的人有啟發性的對話。
二、發現世界上有某些很重要的事可以被修正或改進。
三、體會到自己可以有所貢獻，並且形成一些改變。
四、獲得家人或朋友的支持，展開初步的行動。
五、透過行動有進一步的想法以及獲得所需的技能。
六、學會務實有效率地處理事情。
七、把這些行動所學習的技能轉換到人生其他領域。

「神聖的不滿足」這個名詞，恰好可以解釋為何二十多年前我要與朋友成立荒野保護協會，然後在荒野裡成立親子團，也就是你們四個人從小一起玩耍、學習成長的團體，這麼多的付出與用心，其實就是要讓你們在當志工的過程中，找到神聖的不滿足感。因為唯有當志工幫助別人所獲得的成就感，或者被人信賴與肯定的自我實現感，才是最永不止息的學習動力。

好奇心的驅使

除了這種神聖的不滿足之外，另外一種學習的動力來自於好奇心。其實人這個物種之所以迅速發展成為高度文明的所謂萬物之靈，很大的原因是來自我們天生的好奇與愛學習，比如說孩子出生後小手抓到的任何東西都會不斷地把玩，然後拿進嘴裡咬一咬，從各個面向摸索著這個東西的特性。不過很可惜的是，很多人天生的好奇心，往往被考試以及填鴨式的死記硬背給抹殺了。

我們都知道，只有我們真正想學的時候，學習的效果最好，如果是為了應付考試，被逼著讀書，往往考完試就忘得一乾二淨。

而且，一個人進入學校後，面對訊息量或者必備知識與日俱增的時代，就像一個肚子已經吃撐的人還要他將眼前滿漢全席全部吃完，不倒胃才怪。而且學習的熱情和創造力像浪漫的愛情一樣，都是一種神秘、由內而生的力量。我們無法從外灌輸到一個人身上，就像我們無法控制年少時那種對某個心儀對象即使毫無成功可能，卻無法停止的迷戀一樣。

人類學習的歷程其實頗像是神秘的魔法，雖然無法如程式設定一樣，明確且可控制地創造學習動機，但還是有機會塑造一個比較容易觸發熱情的環境，比如在真實的世界與人相遇，從行動與學習中找到自己存在的價值，當我們做自己喜歡的事情時，學習本身就是享受，也是最棒的休息，因為熱情可以滋生出熱情，我相信你們都擁有以上這些條件，但是如何讓更多失去動機的孩子找到屬於自己的神聖不滿足，除了有志於教育的D寶之外，ABC也可以就此領域來思考與努力。

偉文兄

在流浪與冒險中成長

親愛的ＡＢＣＤ：

Ａ寶還在芬蘭當交換學生時，我與媽媽及Ｂ寶一起去找她，順便全家人在歐洲旅行，記得有一天在火車上聊天時，Ｂ寶忽然問：「爸爸媽媽年輕時有冒過險嗎？」

其實，時代真的變化很快，爸爸媽媽年輕時，台灣還處在戒嚴時代，根本不能出國觀光旅行，直到結婚度蜜月才第一次出國。相對於你們四個人，從大學時期就有豐富的旅行經驗，甚至每個人都有獨自一人在國外流浪的經驗，某種程度來說，一個人的流浪，就算是冒險吧。我是很鼓勵年輕人冒險的，雖然華人的教育自古以來總是保護過度，保守又害怕改變的心態牢牢捆住每個家長，父母害怕

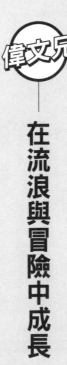

孩子吃苦，更害怕孩子遭遇危險，很少會鼓勵孩子去冒險犯難，只祈求找個安安穩穩的工作，平安過一生。

也有些年輕人在家長的過度保護之下，已經習慣安逸享樂的日子，不太願意接受挑戰。可是另一方面，許多家長又希望能幫孩子找到天賦、生命的潛能，卻又很矛盾地不願孩子去冒險。

在冒險中強化力量

在過去社會變遷非常緩慢的時代，不冒險也許真能平安過一生，當然付出的是庸庸碌碌的代價，也就是世界上多我一個、少我一個都沒差別的人生。可是在現今變化迅速的不確定時代裡，「日出而作，日落而息……帝力於我何有哉」的日子也早已遠離，世界上已經沒有安穩不變的工作。因此透過冒險找到生活的熱情與面對挑戰的勇氣，才是關鍵的競爭力。

其實滿羨慕你們的，不過，當年我們也有我們成長的方式。小學我讀老松國小，當年正是台灣人口急遽增加的階段，因為校舍不足，全校一萬多個學生輪流分為上午班與下午班，共用同一間教室。因此我的童年印象裡，有著許多沒有補習也沒有玩伴的漫長午後，一個人坐在閣樓窗戶邊，看著一本又一本的小說，跟著主角上山下海，到全世界冒險，這種漫無邊際的想像以及透過閱讀在腦海中與自我對話的習慣，成了我往後成長過程中重要的養分。

其實想要認識自己，就必須不斷接受挑戰、測試自己，去做原先不敢做的事情，每當我們做出困難的抉擇時，就會更瞭解自己到底是什麼樣的人，這也是歐洲十九世紀末以來，一直有著「漂鳥精神」的提倡，讓青年人用一長段時間在廣漠的天地之間流浪，在自然中鍛鍊生存的能力，追尋生命的真理。流浪跟旅行不同的地方是，沒有既定行程也不是依著地圖，而是直接面對未知的世界去探索、去嘗試，體會每個時刻的機緣來決定接下來的路徑，如候鳥的遷徙，就在旅途中或許意外百出，卻造就出生命的精彩一樣。

展開自己的冒險之旅

當我們可以多看看世界，看看不同的文化與民族，就可以體會到，原來還有那麼多種不同生活，路有這麼多，我們能選擇的不是非這一條不可，這也是旅行與冒險可以擴展自我、增加視野的原因。

的確，冒險就意味著有失敗的可能，但是若能把每一個可能的失敗，都當成生命中另一個機會呢？《阿凡達》的導演麥克隆曾說：「最大的風險，就是你不冒險。因為，冒險即使失敗了，還是會比停留在原地走得更遠。」微軟公司創辦人比爾．蓋茲也這麼說：「如果你所有的研究都是成功的，那代表你的工作就是失敗的，因為那說明你的冒險還不夠。」

前些年瑞士籍皮卡德設計的太陽能飛機，是人類史上第一架連續飛行超過二十四小時的太陽能飛機。有人說，這像當年林白橫越大西洋一樣重要，林白是第一位冒險飛渡大西洋的人，其後短短二十年，上百人乘坐客機飛越太平洋已成很普遍的商業行為。皮卡德在劃時代航程成功後說：「許多人，寧願在他們熟悉的冰雪中受苦，而不願冒險穿過這冰霜，去看看另一端是什麼。」

人生不是沿著單一向前的直線，只在一個平面上移動，人生其實可以變成很多可能線條的組合，朝各種方向，在立體的空間，上下探索所有的可能性，人生因此成為一場偉大的冒險。」的確，我們能否把習慣、視為理所當然的事情或慣例、教條全都拋掉，想像一個全新的世界？

除了離開家鄉的冒險外，從另外的角度來說，冒險並不見得是要特別去尋找的東西，而是我們隨身攜帶的一種心情或態度吧！也許就在我們每天經過的公園，或是陽台盆栽的樹葉下，都可能成為我們冒險的天地，因為真正的探索是找到我們原本看不見的事物，是我們改變了原先觀察的角度。

就像大文豪普魯斯特一再被人傳誦的名言：「真正的發現之旅，不是尋找新世界，而是用新視野看世界。」因此，隨時隨地，不管是走出家門或拿起一本書，就開始自己的冒險之旅吧。

國家圖書館出版品預行編目（CIP）資料

想讓你看看我眼中的世界：李偉文教你如何跟孩子聊夢想、挫折、工作與未來／李偉文等合著.
-- 初版. -- 臺北市：商周出版：家庭傳媒城邦分公司發行, 民108.08
面；　　公分

ISBN 978-986-477-708-2（平裝）

1. 親職教育　2. 親子溝通

528.2　　108012024

想讓你看看我眼中的世界

李偉文教你如何跟孩子聊夢想、挫折、工作與未來

作　　　者／李偉文、李欣澄、李欣恬、盧品潔、王雲安
責 任 編 輯／張曉蕊
作者頭像繪製／王寶貴
版　　　權／黃淑敏、翁靜如
行 銷 業 務／莊英傑、王瑜、周佑潔

總　編　輯／陳美靜
總　經　理／彭之琬
事業群總經理／黃淑貞
發　行　人／何飛鵬
法 律 顧 問／台英國際商務法律事務所
出　　　版／商周出版
台北市中山區民生東路二段141號9樓
電話：(02) 2500-7008　傳真：(02) 2500-7759
E-mail：bwp.service@cite.com.tw
發　　　行／英屬蓋曼群島商家庭傳媒股份有限公司　城邦分公司
台北市104中山區民生東路二段141號2樓
電話：(02) 2500-0888　傳真：(02) 2500-1938
讀者服務專線：0800-020-299　24小時傳真服務：(02) 2517-0999
讀者服務信箱：service@readingclub.com.tw
劃撥帳號：19833503
戶名：英屬蓋曼群島商家庭傳媒股份有限公司　城邦分公司
香港發行所／城邦（香港）出版集團有限公司
香港灣仔駱克道193號東超商業中心1樓
電話：(852) 2508-6231　傳真：(852) 2578-9337
E-mail：hkcite@biznetvigator.com
馬新發行所／城邦(馬新)出版集團
【Cite (M) Sdn.Bhd. (458372U)】
41, Jalan Radin Anum, Bandar Baru Sri Petaling,
57000 Kuala Lumpur, Malaysia
電話：(603) 9056-3833　傳真：(603) 9056-2833

內文設計排版／黃淑華
印　　　刷／韋懋實業有限公司
總　經　銷／聯合發行股份有限公司
電話：(02) 2917-8022　傳真：(02) 2915-6275

■ 2019年（民108）8月初版
■ 2019年（民108）9月24日初版2.3刷
ISBN 978-986-477-708-2

Printed in Taiwan

城邦讀書花園
www.cite.com.tw

定價370元